車いすテニスの革命

国枝慎吾選手ゴールデンスラムまでの軌跡

本條 強
Honjyo Tuyoshi

山川出版社

世界のテニス界に旋風を巻き起こした車いすテニス界の絶対王者・国枝慎吾さんはもちろんのこと、国枝さんに憧れて車いすテニスを始めたジュニアたち、国枝さんのようにパラリンピックで金メダルを獲得しようと頑張っている選手たち、そして車いすテニスを愛するすべての人たちにこの本を捧げます。

スポーツライター　本條強

序

「車いすテニス」はすばらしい

「ひとりでも多くの人に車いすテニスの素晴らしさを知ってほしい」

国枝慎吾

「テニスの楽しさを教えてくれた」

青空の下、車いすに乗った子どもたちが集まってくる。手には大きなラケットを持っている。みんな綺麗なスポーツウエアに身を包み、太陽のような明るさでおしゃべりを始め、笑顔が弾ける。

そばでは、親たちがそんな息子や娘を見守っている。生まれたときから足が動かなかったり、病気やけがなどで足が不自由になったりした子どもたちの父や母だ。

自身の障害から、大事な可愛い子どもがしょんぼりしている。家に閉じこもってしまう。何とか外に出て笑顔で楽しく生きてほしい。そう思っていた父母も多いだろう。

そんなとき、国枝慎吾という選手が車いすテニスで世界一になり、パラリンピックで金メダルを獲得したことを知り、自分の子どもにもテニスをさせてみようと思った人は多いはずだ。

ここに集まった子どもたちのほとんどは、もっと小さなときに国枝慎吾に会い、一緒に遊んでもらったことがきっかけで車いすテニスを始めている。

「とっても気さくでやさしくて。笑顔でテニスの楽しさを教えてくれました」

ほとんどの子どもがそんなふうに話し、最後にこう言うのだ。

「国枝慎吾さんのようになりたい。パラリンピックに出て金メダルを獲りたいんです」

国枝慎吾を知る人は今も若い頃のように、「隣のお兄ちゃん、『慎吾ちゃん』なんです」と語る。世界一になっても金メダリストになっても何も変わらない。やさしくて明るくて元気な「慎吾ちゃん」なのだ。そういう人だからこそ子どもたちは彼が大好きになる。そしてその彼が車いすテニスに純粋に向き合い、前人未踏のことをやってのけるだけに憧れのスターになるのだ。

車いすテニスというスポーツ

それでもまだ、車いすテニスのことや、国枝慎吾のことを知らない人は多いだろう。

それもそのはずで、健常者のテニスは19世紀以来の長い歴史があるが、車いすテニスが始まったのは1976年。一人のアメリカ人がリハビリのためにプレーし始めたことから誕生し、それがレクリエーションからプロスポーツにまで発展した。

日本で始まったのは、今からおよそ40年前の1983年だ。88年に国際車いすテニス連盟（IWTF）が発足、日本でもその翌年に日本車いすテニス協会（JWTA）が発足し、IWTFに加盟した。創設メンバーはわずか8カ国だったが、今では世界80カ国以上に広がっている。98年にIWTFは国際テニス連盟（ITF）に完全統合され、メジャースポーツになろうとしている。

このように車いすテニスの歴史はわずか50年足らず、日本においても40年という、比較的新しいスポーツである。つまり、この車いすテニスが世界的なスポーツになっていく絶妙なタイミングで国枝は生まれたことになる。彼が成功に至る強運はまずそこにあったと言っていい。

車いすテニスとは文字通り、車いすに乗ってテニスをする競技だ。使用される車いすは病院などで見かける一般的なそれとは大きく異なり、スピードが出るように軽量化され、回転しやすいようにタイヤがハの字になった競技用の車いすである。大きな左右の車輪だけでなく、キャスターという小さな補助輪が前後に装着されていて、ラケットを振るときにバランスが取れるように支えてくれる。改良されたレーシングマシンのような車いすなのである。

車いすテニスのルールは、通常のテニスとほとんど同じだ。決定的に違うのは、健常者のテニスでは相手からの打球を打ち返す際にワンバウンドまでしか許されないが、車いすテニスではツーバウンドまで許されていること。つまり、2回弾んでから打ってもOKなのだ。ただし、車いすから腰を浮かせてはいけないし、足がコートに着いてもいけない。車いすに打球が当たると、健常者テニスのボディショットと同様、エースを取られてしまう。ショット、サーブのパワーや何時間もプレーできる体力だけでなく、どこに返球されるかの予測能力も重要だ。

国枝慎吾は、まさにその予測能力が高い非常にクレバーな選手だ。だからこそ、パワフルな外国選手を相手にしても勝つことができるのだ。車いすテニスはパラリンピックだけでなく、今や全豪、全仏、全米の各オープンとウインブルドンのグランドスラム大会も、健常者のテニスと同時開催で行われている。国枝はこれまでパラリンピックで金メダルを4個（シングルス3個）、グランドスラム大会を50回（シングルスで32回〔※2022年末現在〕）も制し、年間グランドスラムはシングルスで5回も達成している。史上最高の男子車いすテニス選手なのである。

「誰ひとり取り残さない」社会へ――新しいスポーツのあり方

日本での車いすテニスの競技人口はまだまだ少ないが、欧米諸国には日本の何倍もの選手がいる。それは健常者と障害者が同じように暮らせるバリアフリーの環境、障害者への偏見のない社会を目指してきたからだ。日本も、車いすテニスをはじめ、障害を持つ人たちが気軽にスポーツを楽しめる社会になってほしい。そのために、国枝慎吾は頑張ってきた。

東京パラリンピックの前に、NHKの番組『アニメ×パラスポーツ「アニ×パラ」』に国枝慎吾が登場した。主人公の丸尾栄一郎と熱い戦いを繰り広げる。インターネットで検索すれば今も動画が見られるし、その他、国枝のこれまでの活躍の軌跡も動画で見られるものが多い。これらを見れば車いすテニスの魅力、国枝の奮闘ぶりがよくわかるだろう。

これからの世の中はジェンダーレス（社会的・文化的な性差をなくすこと）、ダイバーシティ（多様性）の時代だ。世界の人々がSDGs《エス・ディー・ジーズ》（持続可能な開発目標）に取り組み、「誰ひとり取り残さない」社会をつくっていかなくてはならない。

その意味では、スポーツの世界も変わる必要がある。私たちは健常者のスポーツと、障害者のスポーツを、無意識に区別してはいないだろうか。どんなスポーツにしろ、それは健常者同士、障害者同士で別々にするものだと考えてしまってはいないだろうか。

車いすテニスでは近年、車いすプレーヤー同士のダブルスではなく、健常者プレーヤーと車いすプレーヤーがペアとなってダブルスを行う、「ニュー・ミックス」という種目が定着しつつある。健常者と障害者がともに協力し合いながら競技する、新しいスポーツのかたちだ。近い将来、有名な公式戦のウインブルドンの種目にニューミックスが採用されたら、錦織圭と国枝慎吾がペアを組み、ともに表彰台に立つといった日がくるかもしれない。そんな、誰でも分け隔てなく一緒にプレーできる世界を夢見て、国枝慎吾は勝ち続けているのだ。国枝はこう言っている。

「例えば（著注・テニスの）グランドスラムは、同じ大会の中に車いすテニス部門があります。男子の錦織くんが出場するクラス、女子の大坂さんが出場するクラス、車いすの僕が出場するクラス。それらが同じ場所、同じ時に行われる。ロッカールームもシェアしますすし、同じテニスコートを使う。ある意味、一番の垣根の低いスポーツだと思うんですよね」①

幾多の苦難を乗り越えての東京パラリンピックの優勝は感動的だった。彼の勝利への強い思いが、金メダルに結びついたと言ってもいい。

この本を手にしてくれた方の中には、自分自身が障害を抱えていたり、身近に障害を抱えている人がいるかもしれない。そんな人にこそ、国枝慎吾の車いすテニスをぜひ映像でも見てほしいし、見せてあげてほしい。きっと目が輝き出すはずだ。彼のテニスにはそれほどの驚きと魅力がある。人間の可能性が無限であることを教えてくれる。

これから綴っていく物語は国枝慎吾の半生記である。車いすテニスの世界を知らなかった人はこの物語を読んでほしい。マイノリティがマジョリティになる。それを果たそうとする人間の汗と涙の結晶ストーリーである。

（著者付記）

本書を執筆するにあたり、マネジメント会社を通じて2022年2月に国枝選手へのインタビュー取材を申し込んだが、国枝選手本人が半生をまとめるのは引退後と決めている、とのことで残念ながら実現しなかった。したがって本書は国枝選手をよく知る関係者への取材と、これまでの国枝選手に関する報道記事（新聞・雑誌・インターネット媒体）をもとにまとめたものである。また国枝選手の発言などは、過去の記事からの引用とし、巻末に引用元を明記した。

また本書は国枝選手が2022年のウインブルドンで優勝し、生涯ゴールデンスラムを達成した直後に脱稿した。刊行直前の2023年1月に国枝選手が引退を発表したが、その後の動きは反映していないことをお断りしておく。

尚、この場を借りて、執筆に大きな力をいただいた方々にお礼を述べたい。日本テニス協会（JTA）専務理事の福井烈さん、日本車いすテニス協会（JWTA）広報の相澤幸太郎さん、同協会元広報の佐々木瑠衣さん、吉田記念テニス研修センター（TTC）広報の加藤信昭さん、国枝の最初のコーチである星輝義さん、国枝を世界一にならしめた丸山弘道コーチ（現千葉明徳学園硬式テニス部顧問・特任講師）、日本テニス協会医事委員会委員長で聖マリアンヌ医科大学名誉教授の別府諸兄医師、オーエックスエンジニアリング営業部の安大輔さんと広報の川口幸治さん、大洗町ビーチテニスクラブ代表の平野徳浩さん、大洗町長杯車いすテニストーナメント大会委員長の山口憲一郎コーチ、車いすスポーツクラブ・ウラテク代表の坂口剛さん、そしてこの大会に参加した多くのジュニア選手たち。取材に協力していただき、本当にありがとうございました。

車いすテニス 基礎知識

▼車いすテニスとは？

車いすテニスとは、**下肢や上肢に障害のある人が車いすを操作してプレーする**テニスだ。**一般のテニスと同じコート、ラケットやボールを使用**して行われる。

一般のテニスがボールの返球をワンバウンド以内でするのに対し、車いすテニスでは**ツーバウンドまで認められている以外、試合の流れも同じ**で、素早く車いすを操作してボールに追いつき、巧みなラケットさばきや頭脳プレーを駆使する人気の競技だ。

▼テニス競技用車いす

一般的な車いすとは異なり、**素早いターンやダッシュがしやすいように設計されている。**ホイールがハの字型に取り付けられているのも、そのためだ。クアードのクラスでは自分で車いすを操作するのが難しい選手もいるため、電動車いすの使用が認められている。

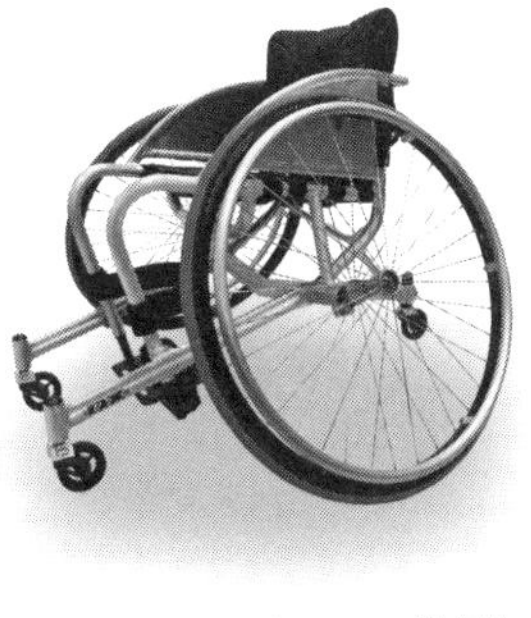

オーエックスエンジニアリング社提供

▼コート各部の名称

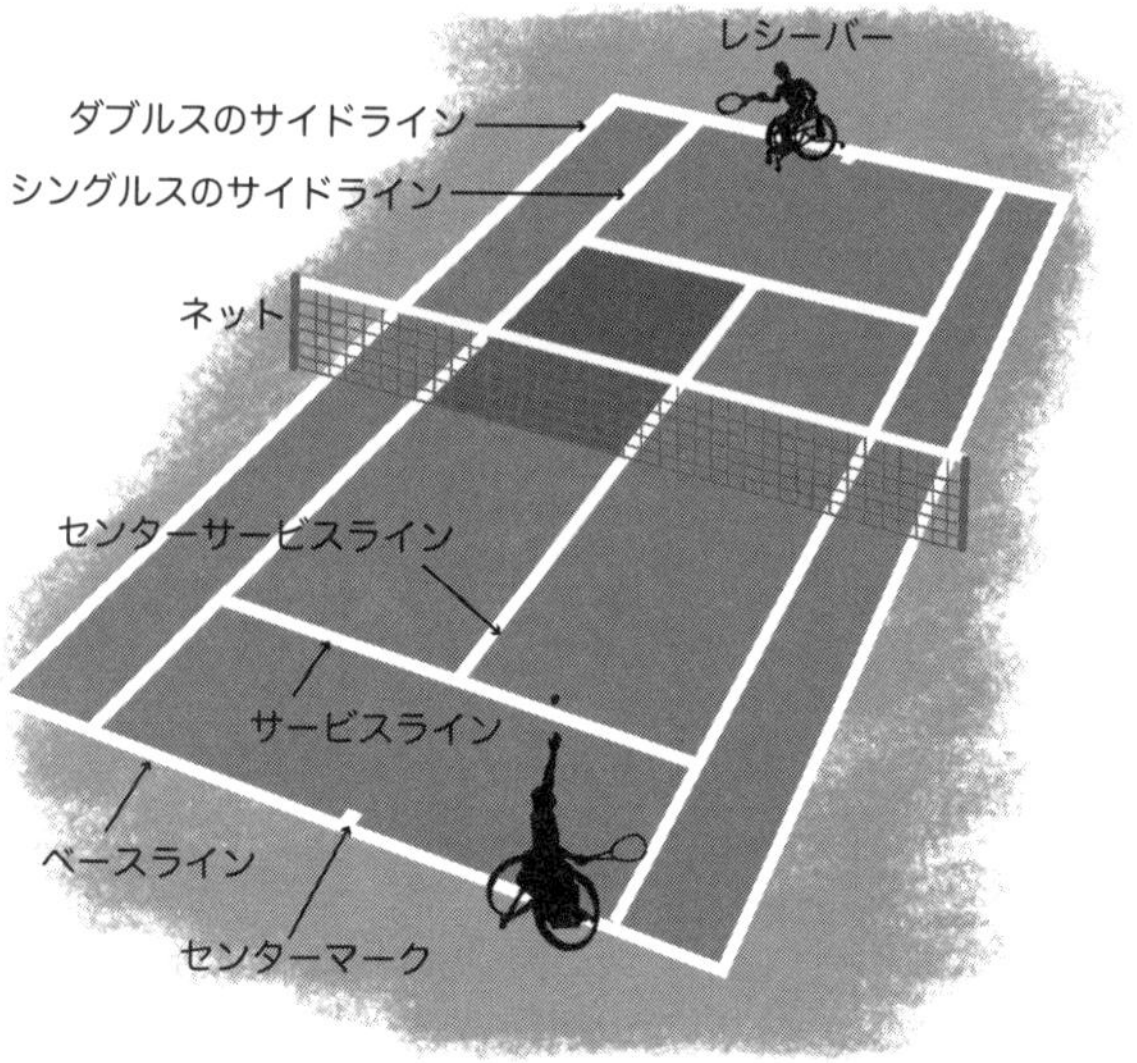

コートサーフェス　テニスではコート面の素材などの状態が施設によって異なる。赤土や黒土のクレーコートやコンクリートにゴムなどで表面加工したハードコート、ウインブルドンのような芝（グラスコート）などがあり、それぞれ球速やボールの跳ね具合に違いがある。

▶車いすテニスのクラス分け

クラス	種目	対象
男子	シングルス ダブルス	脊髄損傷や切断などにより下肢に障害のある選手
女子	シングルス ダブルス	同上
クアード	シングルス ダブルス（男女混合可）	下肢だけでなく上肢（三肢まひなど）にも障害がある、比較的障害が重い選手

★まだ公式競技ではないが、健常者と車いすの選手がペアを組んでダブルスを行う「ニューミックス」という種目もある。各地でニューミックスのテニス大会が開催され、エキシビジョンとして行われるなど広まりつつある。

▼試合の流れ

サーブ権を決定し、スタート。試合は**4ポイントを先にとった方が1ゲーム**を獲得する。このゲームを**6ゲーム先にとった方が1セット**を獲得でき、**2セットを先にとった選手が勝利**となる。

ポイントは以下の場合に獲得できる。

①相手がツーバウンド以内にボールを返球できなかったとき

②ボールが相手の車いすや体に当たったとき

③相手が打ったボールの最初のバウンドがコートの外だったり、ネットを越えられなかったとき

④相手がサーブを2回連続で失敗したとき

▼ポイントの数え方

ポイント	0	1	2	3	4
表記	0	15	30	40	G
数え方	ラブ	フィフティーン	サーティー	フォーティー	ゲーム

※互いに3ポイントで並んだ場合（40－40）はデュースとなり、以降は相手に2ポイント差をつけた方がゲームを獲得する。

※ゲーム数が6－6と並んだ場合、タイブレイクが行われる。先に7ポイントをとった方がそのセットを獲得できる。ただしポイントが6－6になった場合は以降、2ポイントを先取した方がセットを獲得できる。

※各ゲームごとにサーブ権が交代する。

▼車いす操作についてのルール

★打球の際におしりを浮かしたり、足を使ってのブレーキや方向転換は禁止（車輪を操作できない場合に限り、片足を使っての車いすの操作は認められる）

▼サーブについてのルール

★サーブの直前には静止し、その後ボールを打つ前に車いすをひとこぎして動いてもよい。

▶国際テニス連盟(ITF)が定めるテニス大会のグレード

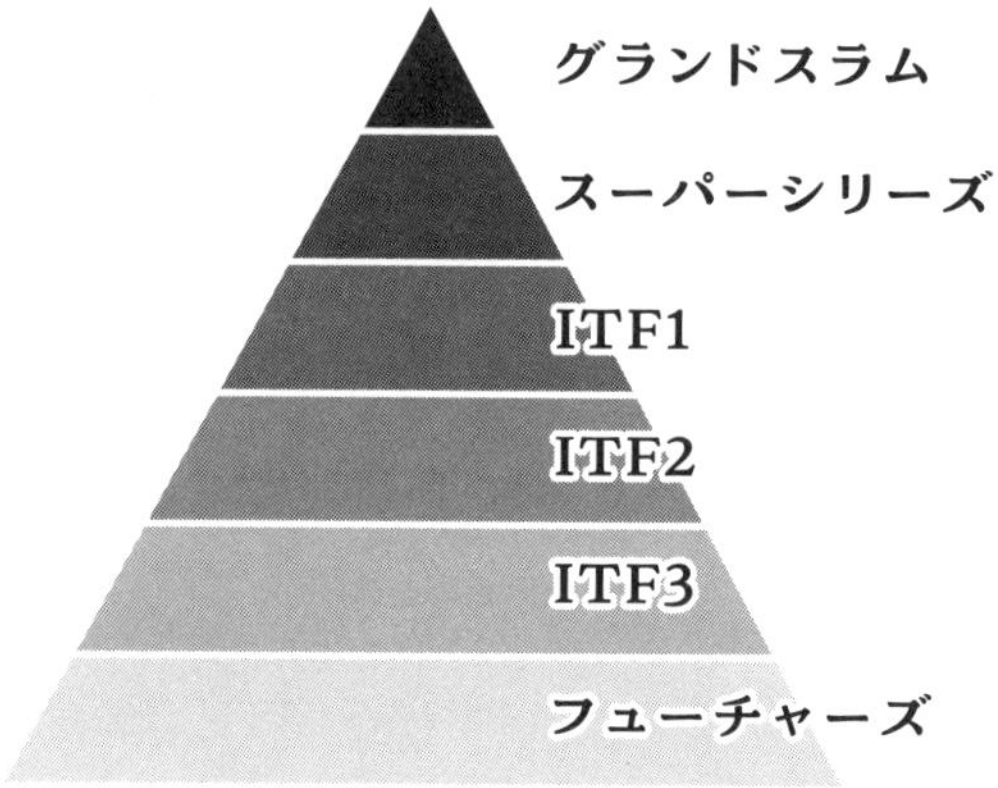

グランドスラム　４大大会とも呼ばれ、世界最大規模で最も権威ある大会。ITF世界ランキング上位者のみに出場資格が与えられる。１年で行われる４大大会すべてで優勝することを年間グランドスラム、選手が生涯を通じて４大大会すべてで優勝することをキャリア（生涯）グランドスラムと呼ぶ。

⇨全豪オープン（メルボルン）、全仏オープン（ローラン・ギャロス）、ウインブルドン選手権（ロンドン）、全米オープン（ニューヨーク）

スーパーシリーズ　グランドスラムに次いで格付けが高い。

⇨ジャパンオープン（飯塚国際車いすテニス大会）、USTA全米車いす選手権など。

ITF1　※日本国内ではなし（2022.6現在）

ITF2　⇨楽天ジャパンオープン

ITF3　⇨ダンロップ神戸オープン、広島ピースカップなど

フューチャーズ　⇨北九州オープン、神奈川オープンなど

※車いすテニスのグランドスラム大会は当初、車いすテニス単独で開催されていたが、2005年から全米オープンが健常者の大会と同時開催となって以降、現在ではすべての４大大会に「車いすの部」が設けられている。

目次

序　「車いすテニス」はすばらしい　3
「テニスの楽しさを教えてくれた」　車いすテニスというスポーツ
「誰ひとり取り残さない」社会へ――新しいスポーツのあり方

車いすテニス　基礎知識　11

第1章　2020東京パラリンピック　20
自分を言葉で奮い立たせる　日本選手団の団長として「結果を残す」
脊髄損傷から9歳で車いすに――テニスとの出会い　「世界を目指したい」　車いすテニスのプロ選手に
フェデラーも国枝の努力を称賛　引退を口にする国枝を支え続けた妻
世界ランク1位に返り咲き、2020東京パラへ　開幕1週間前にストロークのフォームが決まる
「勝利の瞬間も覚えていない……一生分泣いた」

第2章　テニスの魅力にとりつかれた車いすの少年　40
9歳のスポーツ少年を襲った「体の異変」　「もう走り回ることはできない」――医師からの宣告
スポーツが救いに――友人たちとの3オン3　母のすすめで「興味のなかった」テニススクールへ

「ボールに追いつこうという気持ちが強い」　「俊敏な動物のよう。この子ならパラリンピックに出られる」
「障害があっても何でもできる」と自信を持てた――TTCでの自覚
負けたくやしさがテニスにのめりこむきっかけに

第3章　新たな「師」との出会い――丸山弘道「世界一」へのコーチング　55

「一度打ち合ったが、テニスにならなかった」――齋田悟司のプレーに圧倒される　初の海外遠征での衝撃
もう一人の師・丸山弘道がTTCのコーチになるまで　「丸山さんは介助者ですか？　コーチですか？」
「どうせやるならカッコよくやろう」　丸山との練習の始まり
先端のフィジカル強化プログラムで世界ランク驚異の100人抜き

第4章　2004年アテネパラで日本テニス界初の「金メダル」　69

憧れの先輩・齋田によるアジア勢初のジャパンオープン優勝
「初めて日本の車いすテニスが世界から認められた」　国枝の「脚」となった車いすの秘密
国枝、ついに「日本王者」齋田を破る　手首のけがで不安に包まれたままのアテネパラ開幕
満身創痍のダブルスで達成した日本テニス界初の快挙

第5章　世界一のテニス選手へ　83

引退を撤回、さらなる高みを目指して　「コーチ、もう1000回超えてます」
新技術習得の秘訣は「練習ノート」と「3万球」　「北京で国枝は金メダルが獲れるか？」

どうすれば選手は自分のプレーに自信が持てるか
「1番になりたいではなく、1番だと思え」――「オレは最強だ！」の誕生
自信を持つことの大切さ――ついに世界ランク1位へ

第6章 「王者」の歴史的快挙と北京パラリンピックへの挑戦 96
車いすテニス史上初の年間グランドスラムを達成　天才フェデラーが予言していた国枝の快挙
いざ、北京パラリンピックへ　偉大なる先輩への恩返し――齋田・国枝ペアの戦い
大舞台こそ、リラックスと笑顔を

第7章 車いすのプロテニスプレーヤー誕生 108
王者から「絶対王者」へ　飽くなき向上心――ストロークを改造、強靭な体幹づくり
さらなる冒険――車いすテニス界初のプロ転向へ　世界的マネジメント会社との契約とユニクロへの所属
プロ選手としてグランドスラム大会へ
肘の痛みを乗り越えて「絶対王者」へ――再び年間グランドスラム達成

第8章 シングルス107連勝 120
一生歩けないと言われた国枝の「奇跡の14歩」　車いすテニス初のシングルス100連勝を達成
「負けは必ずいつかやってくるもの」　学生時代の同級生、愛と結婚
しのび寄る車いすテニス人生最大のピンチ

第9章　逆境を乗り越えて――右肘手術とロンドンパラ　131

「テニス肘」の手術を決断　長いリハビリを経て久しぶりの打球の感触に感動
将棋とテニスの共通点――天才棋士・藤井聡太との対談
自身も認める国枝慎吾の「修正力」　手術を乗り越えてロンドンパラリンピックへ
パラ2大会連続「金」に効いたアン・クインからのアドバイス

第10章　「引退」を覚悟した最大の試練――満身創痍のリオパラリンピック　143

右肘手術を乗り越え、再び世界ランキング1位へ　「絶対王者」への復活――年間グランドスラム2年連続達成
快進撃の秘訣――「引き出し」の多さが生む対応力　「車いすテニスには一般のテニスと違って教科書がない」
「絶好調」に立ち込める暗雲――右肘痛の再発　痛みとの闘いに心が折れる
「天国から地獄に突き落とされた」　「引退しなきゃいけないかも」
「変わらなければ、後はない」――決意の打法改造計画　新しいスイング軌道が「天から舞い降りた」

第11章　新しい時代のテニスへ――健常者と車いすのダブルス　163

さらなる高みへ――新たなコーチとの船出　「まだ足りないものがある」
チャリティーマッチでフェデラーと「夢」の対戦　「難しいテニスを車いすで行う彼らに感銘を受ける」
コロナ禍のチャレンジ――ダイバーシティー（多様性）なテニスへ　目標は東京パラリンピック

第12章　車いすテニスの革命――前人未到の生涯ゴールデンスラム達成　176
フォームが定まったのは開幕一週間前――東京パラの重圧　9年ぶり3度目のシングルス金メダル
パラスポーツにとって「革命的な出来事」　大洗ビーチテニスクラブの風景――障害者の個性に合わせた指導
「国枝さんみたいに強くなってパラリンピックに出たい」
「負けてもいい。逃げてもいい。大事なのは（障害者が）好きなことを見つけること」
「親友は勉強でがんばってる。私はテニスでがんばる」　テニスコーチが車いすテニスから気づかされたこと
日本車いすテニス界の新星・小田凱人の目標は「国枝選手」　ウインブルドンについてのフェデラーの助言
2022年ウインブルドン――前人未踏の「生涯ゴールデンスラム」
引用文献一覧

第1章 2020東京パラリンピック

「失われたものを数えるな。残されたものを最大限に生かせ」

ルードヴィッヒ・グットマン博士（パラリンピックの創始者）

自分を言葉で奮い立たせる

もうすぐ金メダルをかけた最後の闘いが始まる。東京パラリンピック、車いすテニスのシングルス決勝戦。どんなことがあっても負けるわけにはいかない闘いである。相手はオランダのトム・エフベリンク。37歳の国枝より9歳も若く、時速170キロの超高速サーブを放つ。しかし、ひるんでなどいられない。日本中に車いすテニスの素晴らしさを伝えたい。自分と同じ境遇に直面している子どもたちに、車いすテニスプレーヤーになりたいと思ってほしい。そのためには、なんとしても勝たなくてはならない——。国枝はそう思っていたに違いない。

国枝はいつも見る人の予想を遥かに超えるテニス、魅せるテニスをすることを心がけているという。そして過酷なトレーニングを重ね、健常者テニスに勝るとも劣らない車いすテニスをつくりあげてきたのだ。その成果を東京パラの舞台、有明コロシアムで見せるときがきた。

恐ろしいほどの重圧が心にのしかかっていたことだろう。国枝はベテランの域も過ぎた37歳。肘痛も抱え、2021年のこの年はグランドスラム大会のすべてに敗れていた。つまり、全豪、全仏、全米の各オープンとウインブルドンの4つの大会で優勝できなかった。絶対王者を誇ってきた国枝の自信が揺らいでもおかしくはない。

しかし、国枝にはその怖れを払いのける「まじない」の言葉があった。

「オレは最強だ！」

オーストラリアのメンタルトレーナー、アン・クインから授けられた自信回復法だ。自分が最強であると自己暗示をかける。この言葉を放った後、勝利を手にしてガッツポーズをしている自分を頭に思い描く。そこまでを必ず行いきる。

この言葉を放てば弱気を消し去り、強気一本槍になれる。自信が持てる。試合中でもピンチになれば、ラケットに貼り付けた「オレは最強だ！」を

見る。フレームの内側にテープに書いて貼り付けた文字に勇気づけられ、力が漲《みなぎ》ってくるのだ。

最強のメンタルを持つ男といわれる国枝だが、本当はとても弱いのだ。しかし、弱いからこそ、強くなれる方法を学び、編み出してきた。

「オレは最強だ！」

この言葉こそ、国枝の特効薬なのである。

日本選手団の団長として「結果を残す」

さあ、時間だ。国枝は手を使わず、車いすを左右に揺すりながら進んでセンターコートに出ていく。一般客は新型コロナ感染症対策のために入れないが、唯一許された日本選手たちが国枝に声援を送る。両手を上げて日の丸を振る。それに応える国枝。

国枝にとって観客の声援は、力を与えてくれる大切なものだ。

スタンドが満員になり、その前で素晴らしいプレーを見せることを夢見てきた。コロナのため会場は空っぽで寂しいが、その代わりテレビの向こう側では多くの人が応援してくれている。その中には、会場に入れない妻、愛もいる。

愛とは大学でテニスサークルが一緒だった。国枝が初めてパラリンピックに参加した2004年のアテネ大会で齋田悟司とダブルスを組み、金メダルを獲得したときか

齋田悟司（1972〜）日本の車いすテニス選手。12歳のときに病気で左足を切断、14歳から車いすテニスを始める。シドニーパラリンピック（2000年）で8位入賞、2003年には日本人選手として初めて車いすテニスプレーヤー賞（国際テニス連盟選出）を受賞。国枝とのダブルスではアテネ（2004年）で金、北京（2008年）・リオ（2016年）で銅メダル。日本車いすテニス界のパイオニアとして知られる。

ら交際を始め、２０１１年に結婚した。それ以来、国枝の身の回りをサポートしている。13年に国枝の食生活向上のためにアスリートフードマイスターの資格を取得、健康増進に寄与している。

愛は毎日自分の作った料理をＳＮＳに公開、スポーツ選手を家族に持つ人たちに役立ててもらおうともしている。その料理の数々は栄養価も高くバランス良く、とても工夫されている。

国枝が選手村に入る前夜の夕食は鯛めしだった。遠征前夜恒例のメニューで、大きな鯛の切り身を2つ、米と昆布の上に並べて炊きあげた一品。愛は自身のインスタグラムにこう記した。

「定番の鯛めしをお腹いっぱい食べてもらいました！（中略）無観客での開催のため、残念ながら家族も会場には入れません。２０１３年に東京開催が決定した時から8年間ずっと楽しみに待ち続けたこの日をそばで応援できないのが正直とても悲しいですが難しい状況の中開催していただけることに感謝しています。（中略）私は自宅から念を送り続けようと思います😌🙏」①

そうして国枝は翌日に選手村に入った。開会式では選手団団長として１６０カ国、４４０３人の選手の前で、「一人ひとりの選手が勇気と覚悟を持って、この世界最高の場で全力を尽くす」と選手宣誓を行った。日本選手団には団長として「言葉ではなく結果を残して選手団に良い流れをもたらしたい」と語りかけた。
国枝はテニスコートのベースライン際に車いすを運び、颯爽とラケットを振る。王者の貫禄を見せながら、エフベリンクと試合前のウォームアップラリーを繰り返した。

ウォームアップラリー　体を温めるためにボールを打ち合うこと。

脊髄損傷から9歳で車いすに——テニスとの出会い

国枝は9歳のときに突然、脊髄腫瘍を患った。腰が痛くなり、調べると、脊髄の癌だった。抗癌剤を打ち、手術する。目が覚めたとき、下半身が動かなくなっていた。ある雑誌で、国枝はこう振り返っている。
「両親に不幸を嘆いた記憶はないですね。そのまま一生、車いす生活になるという意識がなかったのかもしれないです」②
それまでは、野球やバスケットボールに夢中だった。もうみんなと一緒に遊べない。信じ難いことだった。いつか治るものと思った。しかし、そうはならない。車いす生活を受け入れられるようになるまで2年ほどかかった。11歳のときに、母の勧めにより千葉県柏市にある吉田記念テニス研修センター（TTC）で車いすテニスを始める。本当は車いすバスケがやりたかったが、近くにチームもスクールもなかったのだ。
センターに向かう道中はあまり乗り気ではなかった国枝少年が、車いすテニスを自分の目で見たときの印象はどうだったろうか。

「自分が車いすになってから車いすの方と接するのが初めてだったんです。だからどういうふうに接すればいいかわからなかったですし、車いすでテニスをするというのが想像つかなかったんです。きっとゆっくりラリーがつながるのかなって、ちょっとなめてたんです。だけど、実際に見たらすごい激しいスポーツで、これだったらやってみたいなって思ったのが最初ですね」③

国枝の車いすテニス人生の始まりである。ラケットを振ってボールを飛ばす。スイートスポットで当たったときの快感に酔いしれた。しかも、ラリーでは相手がいる。ひとりぼっちではないのだ。

国枝はすぐに頭角を現す。運動神経がずば抜けている。車いすをくるくる動かすことなどお茶の子さいさい。チェアワークがいいから、楽に打球に追いつける。当然、うまくボールを打てるというわけだ。

車いすテニスを始めて1年目の中学1年生のとき、ある試合で1回戦負けを喫したことがあった。国枝はのちに、それがひとつの転機になったと振り返っている。

「1回戦で負けたのが悔しくて、そのときから練習に対する取り組み方が変わりました。でも、負けはしたけれど、『試合って面白いな!』と目覚めた瞬間です。ぼくは、根っから『勝負することが好き』なんでしょうね」④

楽しいだけで十分という人もいるだろう。それはそれで素晴らしいスポーツの楽し

スイートスポット テニスのラケットで、ボールを打つのに最適な場所のこと。

み方でもある。ただし、そういう人は競技には向かない。試合で勝ちたい人が競技者になっていくのだ。国枝はまさに生まれながらの競技者である。

「世界を目指したい」

試合で好成績を収めるようになり、麗澤高校1年のときに海外遠征を経験する。そのときに当時車いすテニスの第一人者だったリッキー・モーリエのプレーを見る。素晴らしいテニスに感激して、自分も世界を目指したいと思うようになったのだ。

そんなとき、車いすテニスのコーチとして頭角を現してきた丸山弘道の指導を受けることになる。国枝17歳。丸山は「君は世界のトップに行ける。格好いいテニスでスターになろう」と国枝に言った。車いすテニスをいかに健常者テニスに近づけられるか、それが指導者としての丸山のテーマだった。その理想を、国枝に託した。

この日から世界を目指しての特訓が始まる。車いすテニスはワンバウンドでなく、ツーバウンドまで返球が許される。しかし、ワンバウンドで返球できれば相手はそれに対応すべき時間が短くなる。有利に展開でき、エースも奪える。よって国枝にはワンバウンドでの返球が義務化される。健常者のテニスである。国枝は抜群のチェアワークとスピードでそれを実現する。車いすテニスとは思えないテンポの速いテニスだ。

麗澤大学に進学した2003年、国枝はとうとう日本一となる。NEC全日本選抜

リッキー・モーリエ（1976〜）　オランダの男子車いすテニス選手。アトランタパラリンピック（1996年）ではシングルスで金、ダブルスで銅。シドニー（2000年）のダブルスで金を獲得。

エース　相手のラケットがボールに触れずに決まったサーブのこと。サービスエースともいう。

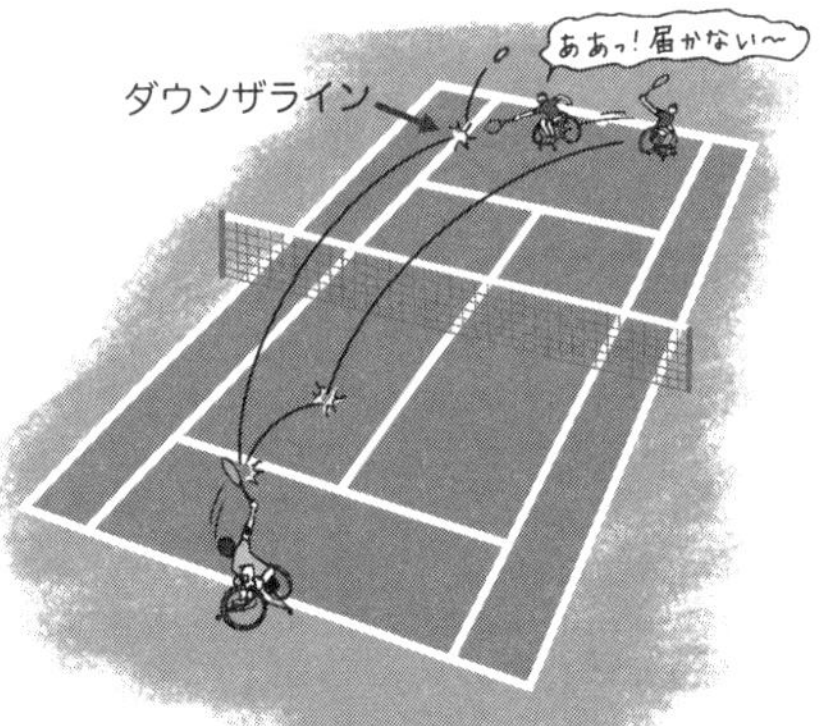

ダウンザライン　相手コートのサイドラインに沿ってボールを打ち込むこと。とくにクロス方向から飛んできたボールをダウンザラインにすることで、相手が追いつけずエースにできる。

車いすテニス選手権男子シングルスで、これまでの王者、齋田悟司を破って初優勝を遂げる。

しかもその齋田とダブルスを組み、翌04年のアテネパラリンピックで金メダルを獲得するのだ。ついに、世界の檜舞台の頂点に立った。とはいえ、その優勝は齋田の力によるところが大きく、シングルスでの国枝は世界のレベルにまったく達してはいなかった。

世界の強豪と戦うには、ワンバウンドしてボールが跳ね上がる瞬間をとらえるライジングショットが打てなければならない。今まで以上に速い動きでボールに近づき打ち返す。難しい技術だった。さらに、バックハンドでボールにトップスピンをかけ、ダウンザラインのエースを

トップスピン　ラケットを垂直に下から上にスイングしてボールに縦方向の回転（順回転）をかけること。ネットを超えて鋭く落ちるため、コートに入れやすい。

放てなければならないことを、コーチの丸山は確信していた。

車いすテニスのプロ選手に

丸山は国枝に檄を飛ばした。「ひとつの技術をマスターするには、3万球打たなければならないというデータがある」と丸山は言う。実際に打った球数を数えながら練習した。国枝が毎日の練習を記したノートに、「残り1万5000球」と書かれているページがある。途方もない球数を国枝は打ち、バックハンドトップスピンのダウンザラインをマスターしたのだ。

この技術を得るとともに、国枝の勝利は圧倒的に増えた。2006年10月にシングルスの世界ランキング1位となり、07年に当時の車いすテニスのグランドスラム（全豪、ジャパンオープン、ブリティッシュオープン、全米ウィールチェアの4大会優勝）を達成する。世界テニス連盟から、この年の世界チャンピオンにも選出された。

こうして08年に念願のパラリンピックでシングルス金メダルを獲得する。北京パラリンピックである。国枝は、この北京パラでの優勝が自身のテニス人生の大きな転機になることを確信していた。それこそが、翌年（09年）のプロ転向宣言だったのだ。

スポーツのプロ選手とは、スポーツを職業として生活していく人たちである。プロのテニス選手だったら、並みいる強豪たちと世界レベルで競い合い、大会の賞金や、企業とスポンサー契約を結ぶなどして生計を立てていく、厳しい世界だ。それを障害者として、車いすテニスのプロ選手として生活していくことは、国枝にとっても大きな賭だったはずだ。しかし、北京パラでの金メダルは多くの人たちが国枝の名前と車いすテニスの存在を知るきっかけとなった。それが結果的に国枝の背中を押すことになったのだ。

もはや国枝には障害者か健常者かの区別などなかった。ひとりの車いすテニスのプロプレーヤーになったのだ。

フェデラーも国枝の努力を称賛

その後も全豪、全仏、全米オープンなどグランドスラム大会を次々に制覇していくと、国枝は、出場すれば優勝という無敵の強さを誇る「絶対王者」と呼ばれるようになる。車いすテニスのプロプレーヤーとして順風満帆だった。ところが2012年、ロンドンパラリンピック前に右肘を痛めた。手術によって無事に回復すると、ロンドンパラでは前人未踏のシングルス2連覇を成し遂げた。

右肘のケガを完全に克服したかのように、さらに勝ち続ける国枝。グランドスラム通算20勝を誇るスイス出身の男子プロテニスプレーヤー、ロジャー・フェデラーが「日本には強い選手がなかなか出ませんが？」という日本人記者からの質問に「何を言っ

ロジャー・フェデラー（1981〜）　スイス出身の男子プロテニス選手。ウインブルドン8回優勝などの歴代最多記録の他、4大大会優勝回数(20勝)で歴代2位、史上6人目のキャリア・グランドスラム達成など数々の偉業を成し遂げた。

ているんだ。日本にはシンゴ・クニエダがいるじゃないか」と問い返したことがある。さらに「僕もできない年間グランドスラムを達成する」と国枝の偉業を讃えた。後述するが、2019年にユニクロが主催したチャリティーマッチで、国枝とフェデラーはペアを組んだことがある。フェデラーは国枝の俊敏な動きに驚き、「車いすでなくても難しいテニスなのに」と敬意を表した。

15年も絶好調だった。全豪、全仏、全米オープンを制覇。全豪は8連覇、全仏、全米は2年連続6度目の優勝を飾った。ところが、この全米オープンが終わったとき、再び右肘を痛めた。まったく回復せず、このままでは翌16年のリオパラリンピックで3連覇を狙うことはできない。4月に12年以来2度目となる手術を断行し、リハビリを兼ねながらリオパラに向けた準備を進めた。とはいえ、痛みは消えない。

当時、メディアの前では、コンディションは万全だと強気の発言をしていたものの、自宅にいる妻の前では、このまま出場してもとても勝つ自信がないと本音を漏らしていたことを、のちにメディアで本人が明かしている。⑤

引退を口にする国枝を支え続けた妻

国枝は痛み止めの注射を打ちながら、リオパラに挑んだ。愛は懸命に国枝を支えたが、結果はシングルスベスト8。ダブルスは銅メダルだった。

当時のマスコミはシングルスで金どころかメダルをとれなかったことが、国枝に大きな挫折感をもたらしたと書いたが、実際はまったく違う。肘の痛みの中で精一杯のテニスができたことに感謝していたのだ。問題はそのあとである。リオパラが終わっても肘の痛みが消えず、あらゆる治療を施したものの、一向に改善しなかった。国枝の主治医は休養を勧めた。

最初の手術の後は痛みが消え、すぐにテニスを再開できたし、ツアーにも復帰できた。しかし、2度目は違った。痛みが消えず、休むこと以外に方法がなかった。

その不安は真っ黒な雲のように覆い被さった。そうして休息から4カ月が経った日、国枝は再びコートに立った。ボールを打つと、右肘にひどい痛みが走った。激痛に顔が歪む。筆者も経験があるが、普段は何でもないのに、ボールを打つと高圧電流が走るかのような感覚。涙が出るほどの激痛である。このときの状況を、『日刊スポーツ』（2021年9月4日付）が妻・愛への取材からこう記している。

「16年の年末。スーパーに買い物に行こうとしている途中だった。愛さんの携帯が鳴った。電話の向こうで、国枝が言った言葉が忘れられない。『もう引退かもしれない』。愛さんは、その場に立ち尽くした」

国枝はのちに、このとき妻の支えがなかったら本当に引退していたかもしれないとも語っている。

バックハンドストローク　利き腕とは逆の方向で打ち返す動作。利き腕側で打つのはフォアハンドという。

迷いが吹っ切れた国枝は、ストロークを改善しようと考えた。もはや手術で解消できるものではなくなっただけに、肘痛は消えなくともテニスのできる打法を会得しようとしたのだ。そのために、国枝はまず肘痛の原因となるストロークの問題点を探した。

右肘を痛めたのは、国枝の伝家の宝刀であるバックハンドストロークがもたらしたものだ。ダウンザラインにエースを決めるには、ネットを越えてから急激に落下するトップスピンで打つことが不可欠である。トップスピンはラケットの面でボールを擦り上げる技だけに、肘への負担が大きい。国枝は多くのトップ選手のバックハンドを調べ上げ、肘への負担が少なく、しかもダウンザラインにエー

ストローク　ワンバウンド（車いすテニスで3はツーバウンドも可）した球を相手のコートに打ち返す一連の動作。

スを決められる打法を研究した。自分に最適な新打法を見つけ出し、その習得に当たったのだ。新聞の取材にこう語っている。

「グリップを変えました。ボールが当たる面の角度が変わるので、最初はネットまで届かないくらいで、初心者の方がやるようなレベルの練習から始めました。痛みが出ないからといって、それをものにできるかは分からない不安もあった」⑥

国枝は毎日毎日、ひたすら球を打ち続けた。新しい打法が身につくまで、肘痛の様子を見ながら基礎練習を繰り返した。しばらくして試合にも出るが、かつてのように勝利することができない。とにかく焦らず、自分に我慢を言い聞かせるしかなかった。

世界ランク1位に返り咲き、2020東京パラへ

世界ランクは1位から10位まで滑り落ちた。2017年はグランドスラム大会を一度も制することなく終えた。このときに初めて、国枝は引退するのではないかと囁《ささや》かれるようになった。世間はまだ、国枝がストロークを改造することで肘の痛みを克服し、進化し続けようとしていることを知らなかったのである。

国枝の肉体は過去最高に強くなっていた。ボールが打てなくなったときに上半身を鍛え上げたからだ。世界一のチェアワークはさらに進化している。手を使わなくとも自由自在に車いすを動かせる。やってみればわかるが、素人では体を振って斜めに動

かせたとしても、元に戻すことは至難の業だ。右に左に、自由自在に動かせることなどありえない。グランドスラム20勝のノバク・ジョコビッチでさえ「車いすでのあの動きはアメージングと言うほかない」と国枝を絶賛している。

新打法を手に入れ、動きにキレが増した国枝は、2017年末には復活の手応えをつかんでいた。18年1月、国枝は全豪オープンで復活優勝を遂げる。さらに6月の全仏オープンも復活優勝し、世界ランク1位に返り咲いたのである。

19年はグランドスラム大会の優勝はなかったが、自己最多の年間9勝を挙げた。そして翌20年は全豪オープン10勝目を挙げ、その後新型コロナでツアーが中断したものの、再開した全米オープンを制した。その間には、心の底から目標としていた東京パラリンピックの延期というショッキングな報道があったのである。

2020年のオリンピック・パラリンピック開催都市に東京が選ばれたのは2013年の夏だった。国枝がそのニュースを聞いたのは、出場していた全米オープン決勝の前夜のこと。あまりに興奮して夜も眠れず、睡眠不足がたたって翌日の試合を落としてしまったと語っているほどだ。

しかし国枝の願いは翌21年にかなえられる。開催か中止かと世論が揺れる中、気持ちも大きく揺れたことだろう。しかし、開催の願いは成就された。あとは勝つだけである。

ノバク・ジョコビッチ（1987〜）セルビア出身の男子プロテニス選手。4大大会優勝回数20勝は歴代2位、また4大大会でそれぞれ2勝以上というダブルキャリア・グランドスラムを達成。世界ランク1位通算在位（373週）は歴代1位。

開幕1週間前にストロークのフォームが決まる

1年延期となった2020東京パラリンピック。この1年で変わってしまったのは世の中だけではない。国枝自身もそうだった。世界1位の国枝が、グランドスラムに勝てなくなってしまったのだ。21年1月、過去10度制した全豪オープンは、準決勝で敗れた。6月の全仏オープンは決勝で負け、7月のウインブルドンでは準々決勝で敗退してしまった。はっきり言って、東京パラに黄色信号が灯った。このときの心境を、大会後のインタビューでこう語っている。

「今年の3月ぐらいからですかね。（中略）全豪オープン敗れて、全仏も敗れて、ウインブルドンも敗れて、めちゃくちゃ焦っていましたね。（中略）眠れない日もあったし。重圧かかってましたね」⑦

1年間で若い選手たちが急成長を見せた。サーブが超高速化し、ストロークも鋭く速くなった。車いすテニスが、本格的なパワーテニスに変貌してきたのだ。それに比べ、肘を痛めてしまった国枝は、サーブもストロークもパワーが乏しかった。そこで、戦術に長けている岩見亮を新たにコーチとして招聘し、配球の巧みさでポイントを奪えるようにした。また、車いすの座席を高くして、高くバウンドするパワフルなトップスピンに対抗できるよう改良した。さらにボレー、スマッシュというネットプレーに磨きをかけた。

国枝は以前から、車いすテニスの面白さや素晴らしさを多くの人に伝えるために、東京パラで勝ちたいと言い続けてきた。

しかし、不安は残っていた。肘痛によって編み出した新打法のバックハンドが、思うように決まらなかったからだ。打ち方を試行錯誤する日々が続いた。開幕1週間前にようやくバックハンドに光がさした。ついにフォームが固まったのだった。

「勝利の瞬間も覚えていない……一生分泣いた」

2020東京パラリンピックの車いすテニス競技は有明コロシアムで始まった。シングルス、シードの国枝は2回戦から出場し、ワンセットも落とさずに決勝に進んだ。準々決勝はライバルのステファン・ウデを第1セットこそタイブレイクとしたが2セットで下し、準決勝はウインブルドンで苦杯をなめたゴードン・リードをしっかりと破ることができた。

決勝の相手はオランダのトム・エフベリンク。時速170キロの高速サーブが武器の28歳。伸び盛りで勢いがある。この年の全豪と全仏を制覇したアルフィー・ヒューエットを準決勝で破っている。

試合は、国枝のサーブで始まった。このゲームこそエフベリンクにブレイクされたものの、すぐにブレイクバックした。エフベリンクの高速サーブを得意技のリターン

タイブレイク　テニスにおける延長戦のルール。セットをとるためには相手に2ゲーム以上の差をつけて6ゲームを先取する必要があるが、6－6となった場合、タイブレイクに入り、2ポイント以上の差をつけた方が勝者となる。

ブレイク　相手がサーバーのゲームを破ること。逆にサーバーが相手を破ることを「キープ」という。

でエースを奪った。バックハンドが固まってからフォア、バック、どちらもしっかりと返球できた。こうしてこのゲームから連続8ゲームを連取した。エフベリンクのスピン量の多いフォアハンドを、高くした車いすの座席でしっかりと受け止め、逆に打ち込む。相手の高速サーブは確実にリターン、ミスはほとんどない。世界一のチェアワークでベースライン内側からライジングを叩きつけた。ネットに前進、相手が苦し紛れに上げたボールを、ノーバウンドで叩き込むドライブボレーでエースを奪った。この日のために準備し

てきたことがすべて実行できた。

第1セットを6－1で圧倒すると、第2セットも国枝のペースだった。余裕を持った試合運びで、強い球と緩い球を織り交ぜた巧みな配球術でエフベリンクを翻弄する。

ゲームカウント5－2でマッチポイントが訪れる。エフベリンクは何度か凌ぐが、国枝は焦らない。百獣の王ライオンがじっくりと獲物を狙うかのように、ゲームを味わう。最後は苦労してものにしたバックハンドをお見舞いし、エフベリンクの得意のフォアはネットにかかった。

その瞬間から涙が溢れ出る国枝。大きな日の丸を背に広げるものの、すぐに旗で顔を覆い、おいおいと泣きじゃくった。それだけ大きな重圧が肩にのしかかっていたのだ。国枝は泣きながら優勝インタビューに答えた。

「(著注・勝ったことが)信じられないのひと言です。勝利の瞬間もそうだったし、マッチポイントの瞬間も全然覚えてない。(中略)日本選手団のスタッフの顔は思い出せるんですが、最後の瞬間は全然思い出せないぐらい自分自身興奮した瞬間だったし、一生分泣いたし。枯れましたね」⑧

決勝戦のスコアは6－1、6－2。「世界最強」は自分であることを実証した東京パラリンピックだった。

その頃、愛も大泣きだったろう。ついに二人の夢が叶ったのだから。

優勝した翌日のインスタグラムには、愛が金メダルを手に笑顔を浮かべる二人の写真とともに、愛は次のように書いた。

「間違いなく人生で一番幸せな日でした！　リオが終わったあの時はこんな日が来るなんて想像出来なかったです。あれから5年、本当に本当によく頑張りました👏　夫はまもなくスタートする全米オープンに出場のため先程ニューヨークへ発ちました。金メダルはとっても輝いてました」

第2章

テニスの魅力にとりつかれた車いすの少年

「昔はよく、『車椅子でテニスやるなんて、偉いね』と言われていました。でも偉くないですよね（笑）。僕も健常者の皆さんと一緒で、スポーツをやりたいだけなんです」

国枝慎吾

9歳のスポーツ少年を襲った「体の異変」

1984年、国枝慎吾は父・良一（2021年に逝去）と母・珠乃の長男として誕生する。姉も含めた4人家族である。生まれたのは東京都で、2歳のときに千葉県柏市に転居する。

良一の父、つまり慎吾の祖父は、西濃と呼ばれる岐阜県南西部、揖斐郡池田町の出身だという。この地は15世紀後半に豪族の国枝氏が本拠とし、3代目為助の代から現在に城跡が残る本郷城を居城とした。そのため国枝氏をルーツとする国枝姓が多く、この地出身の国枝姓の人たちが全国から集まって先祖の供養祭なども行われている。慎吾の一家も、この国枝氏がご先祖様なのかもしれない。ちなみに慎吾は2016年にこの池田町に招かれ、テニス教室とトークショーを行っている。

国枝は、子どもの頃から運動が大好きだった。特に野球が好きで、小学2年生のときに地元の少年野球チームに入団している。巨人の原辰徳のファンで、将来の夢はプロ野球選手になることだった。持ち前の運動神経の良さで3年生のときには一塁手で打順はクリーンナップ。体も大きくチーム期待の星だった。

小学4年生になる直前の春休みの日曜日、その日は高学年チームに入って初めての試合の日だった。一軍のチームで何番に指名されるのか、打順を考えるだけで胸がときめいた。ところが試合当日の朝、腰が異様に痛む。前日の猛練習のせいかと思うけれど、あまりの痛さに野球ができるとは思えない。試合に参加することはできなかった。

腰の痛みはひかず、接骨院で治療をしてもらうが痛みは増す一方だった。整形外科に行っても原因がわからない。これはおかしいと、千葉県松戸の大きな病院で検査してもらうことにした。MRIで検査した結果、診断は脊髄腫瘍だった。すぐにも手術となり、翌日、東大病院で執刀してもらうことになった。

昨日まで健康だった自分が病気になった。青天の霹靂とはまさにこうしたことをいうのだろう。それも手術前の夜中に恐怖が体を襲う。国枝がある講演でこのときのことを次のように回想している。

「夜中に目が覚めると、脚が動かなかったんです。それまで腰は痛くても脚は普通に動いていたのに急に動かなくなってしまった。びっくりして泣いてしまいましたね」①

すぐに救急車で運ばれ、手術となった。

「もう走り回ることはできない」——医師からの宣告

麻酔から目覚めると、そこは病室だった。夢ではなかった。しかも脚は動かなかった。手術は無事に成功したと言われたが、車いすに乗らざるをえなくなった。手術後も退院はできない。放射線治療や抗癌剤治療が待っていた。髪の毛が抜け、吐き気を催す。前出の講演で、手術を伝えられたときの気持ちをこう語っている。

「小学生でしたから手術をすれば治ると思っていました。手術が終わったらマウンテンバイクを買ってもらう約束もしていましたし（笑）」②

格好いい自転車を漕ぎ、颯爽《さっそう》と野球をしに行く。マラソン大会にも出たかった。前の年に学校全体で3位となったが、優勝できず悔しい思いをしたので、その年は1等賞を狙っていた。ところがリハビリをしても足は動かない。移動は車いすで、それも手を使ってだった。

手術を終えて半年後、もう走り回ることはできないと告げられた。一生車いすの生活になる。そのときのショックは想像を絶するものだった。

母の珠乃が雑誌『アエラ』の取材に、国枝が次のように言ったことを証言している。

「窓から飛び降りられるなら、飛び降りたい」③

反抗期もなく、弱音も吐かない息子が放った衝撃の一言。それは母が聞いた唯一の弱気の発言だった。母は、病名は告げなかった。

国枝が病名を知ったのは5年後のことだった。前出の講演から引用する。

「僕がかかった『ユーイング肉腫』はとても珍しい腫瘍で致死率が相当高いんです。実は、僕は当時がんだと知りませんでした。よく、『五年生存率』なんて言葉を聞きますが、僕が母からがんと聞いたのも五年後のことでした。それくらい厳しい状況で、今日皆さんの前でお話しできているのも奇跡に近いんです」④

脊髄腫瘍は年間10万人に1～3人という確率で発症するまれな病気だ。先天性と後天性があり、さらに脊髄内と脊髄外で発生するものに分かれる。良性の腫瘍も多いが、子どもは悪性腫瘍が多いともいわれる。ユーイング肉腫は骨や軟部組織に発生する悪性肉腫の一種で、悪性腫瘍全体からすれば頻度はとても低く、希少癌の一つである。小児や若年層に多く発症するという。手術後も、化学療法や放射線療法など強力な治療が行われる。

国枝は突然この病に見舞われ、手術後に負担の大きい治療を受けたことが想像される。脚は動かなくなってしまったが、命が救われ、再発などがなかったことは幸運だったといえるかもしれない。

退院できたのは小学4年生の2学期が終わる頃だった。約8カ月の入院生活だった。

スポーツが救いに——友人たちとの3オン3

退院後、国枝は元の小学校にそのまま戻る。車いすでの生活になったが教師や友人たちは特別扱いをしなかった。以前と何も変わらなかった。変わったのは、階段の上り下りを周囲の人たちが手伝ってくれたことだけだった。変わらないことが、どれほど少年の心を助けたかはは かり知れない。

これは国枝の両親が小学校としっかりと話し合い、学校も両親の希望を真摯《しんし》に受け止め、国枝の体のことを教師が生徒たちにしっかりと話してくれていたからにほかならないだろう。車いすになった少年を当たり前として受け入れた学校と生徒たち。国枝の生来明るく人なつっこい性格もあるが、周囲の人たちの理解がのちの大活躍の起源になったと言ってもいい。

授業が終わると、仲間たちは国枝の家に集まった。家は路地の突き当たりで、車の往来がないところ。両親はそこにバスケットボールのリングを備え付けた。当時、男子生徒の人気漫画は『スラムダンク』だった。登場人物たちの名前を付け合って3オン3をやった。前出の講演でこのころのことを国枝が回想する。

「中学までは放課後になると僕ひとり車椅子で友達とまじって毎日バスケットボールをして遊んでいましたし、楽しい思い出しかないんです。（中略）バスケットボールをしていて友達にはじき飛ばされることも何度もありました。でも、友達とはいつも笑いあっていましたよ。本当に周囲に恵まれていたので、ふさぎ込むようなことはなかったですね」⑤

母は友人たちのために菓子と飲み物を用意した。退院後の国枝は、大好きな野球ができずしょんぼりしていたという。母はそんな息子を見るのがつらく、何とか「笑顔が見たい」とリングを設置したのだ。

国枝は、仲間たちに交じって右に左にと懸命に車いすを動かす。タイヤの外側のハンドリムを漕ぐのだ。国枝が動かすのは病院などで見かける一般的な車いすだ。くるっと回転したくても、簡単にはできない。それでもパスをもらえばシュートを放つ。ジャンプできなくとも運動神経抜群。友人たちに負けずにできる。だから面白い。ハンデがあっても関係ないと思える。だから楽しいのだ。

そして、この3オン3が、後に世界一と謳われる国枝のチェアワークの基礎になったことは事実だろう。通常の車いすで友人たちと互角に戦えたわけで、それが競技用

3オン3　3人制バスケットボールのこと。ストリートボールとも呼ばれる。

の車いすに替わったらどうなるか。普通の自転車からロードレーサーに乗り換えたような変革が、国枝に起こったとしてなんら不思議ではない。

母のすすめで「興味のなかった」テニススクールへ

友人たちとの3オン3を楽しんでいた国枝には、本格的に車いすバスケットボールを始めたいという気持ちがあった。少年野球をやっていたことから、チームスポーツが楽しいという思いもあったろう。当時、日本の車いすバスケは１９６４年の東京パラリンピックに参加したことで盛んになり、全国大会も開かれていた。これまで日本代表男子チームはパラリンピックに13回出場し、２０２０東京パラで銀メダルを獲得したことは記憶に新しい。

しかしながら、国枝の住む柏市近郊には車いすバスケのチームがなかった。そこで母が考えたのが、自分の好きなテニスだった。一般のテニス選手だけでなく、車いすテニスの選手も在籍している吉田記念テニス研修センター（ＴＴＣ）が柏市にあることを知ったのだ。

ＴＴＣは、ウインブルドンで日本女性初の優勝（１９７５年ダブルス）を成し遂げた沢松和子の夫、吉田宗弘（現ＴＴＣ名誉会長）が90年に創設したテニスクラブである。世界制覇を目標とする選手を育成するトレーニングセンターだ。吉田姓となった沢松

沢松和子（1951〜）日本人として初めてのプロテニス選手。1975年のウインブルドンに女子ダブルスで出場して優勝し、日本人女子テニス選手として初めて4大大会タイトルを獲得した。

和子はもちろん、姪の沢松奈生子も練習し、長塚京子や平木理化など日本トップクラスの選手が在籍していた。

車いすテニスでも、日本トップクラスの選手がここでトレーニングしていた。まだ車いすテニスのできるテニスクラブが少なかった時代に、テニスコートの出入り口を広げ、トイレも車いすが出入りできるようにするなど、率先してクラブを改造している。階段にも車いす用のエレベーターが作られ、選手は自分一人で操作して2階に上がることができた。

車いすテニス選手の中において、星義輝が選手兼コーチとして異彩を放っていた。星は車いす陸上で1976年のトロントパラリンピックに出場し、金メダルを獲得。車いすバスケでは日本代表として4度もパラリンピックに出場したカリスマである。その星が89年、40歳になったときに車いすテニスに転向した。あっという間に上達し、世界ランク12位にまで上り詰めて「鉄人」と呼ばれた選手である。

国枝母子は最初、星が東京でウエートトレーニングを行っていた北区にある東京都障害者総合スポーツセンターを訪問する。そのとき星とは直接会えなかったが、星からTTCに来るよう誘われた。

国枝が喜んでTTCに行ったかと言えば、違う。本人が雑誌のインタビューで当時の心境を次のように振り返っている。

沢松奈生子（1973〜）1990年代に伊達公子と並んで活躍した元女子プロテニス選手。4大大会では全豪でベスト8、キャリア自己最高の世界ランキングは14位。

長塚京子（1974〜）1991年にプロ入り。95年の全豪オープンのシングルス2回戦で4大大会初出場のヒンギス（スイス）を破った。4大大会最高位は95年の全豪（4回戦）と全仏（4回戦）。

平木理化（1971〜）1991年にプロ入り。97年の全仏混合ダブルスで日本人選手として22年ぶりの4大大会優勝を成し遂げた。

「テニスが好きだったわけではないし、ルールも知らないし、野球をやっていた自分から見るとちょっと軟弱なスポーツというイメージで、しぶしぶ来た記憶があります」⑥

「ボールに追いつこうという気持ちが強い」

ところが、その考えは星たちの打ち合いを観た途端に一変する。激しい打ち合いに驚いてしまうのだ。スポーツ少年の目が輝いた。

星は見学にきた国枝にラケットを握らせた。打ち方を見せ、実際にボールを打たせてみると勘がいい。野球をやっていたから打球勘があったのだ。野球で言えば打つのはバッティング、動きは内野手のキャッチング。テニスはその組み合わせで打ち合う競技だ。車いすテニスはツーバウンドまでOKだから、取れないと思うボールも拾いやすい。

星は国枝の打球勘に感心し、競技用の車いすを見つけて座らせた。一般的な車いすより軽量化されているとはいえ、動きがとても速い。仲間たちとのバスケットで培《つちか》ってきたからだろうが、星は目を見張った。

「すごいぞ。大人用の車いすだっていうのに」

こうして星は、国枝を教える最初のコーチになった。国枝が小学6年生、11歳のときだった。

星が当時を思い出して、筆者に話してくれた。

「幼かったし、無口だった。でもボールを打たせると必死で追いかける。ボールに追いつこうという気持ちが強い。そのときには私が彼のために子ども用の車いすを調達しました。競技用車いすは背もたれが低いから上半身を大きく動かせる。いすの前と後ろに小さな車輪であるキャスターがついているから、バランスがとれて転倒しにくい。慎吾は上手く乗りこなし、上手く打ちましたね」

星は球出しするボールを徐々にレベルアップする。

「取れそうで取れないところに球出しするわけですが、とにかく食らいつく。私のほうも、彼が追うのを諦めたら怒鳴りますからね。動いてボールを追いかけることを徹底させました」

脚が不自由だった星は、手だけで這って小学校に通った人だった。福島県の田舎に生まれ、車いすなどなかったのだ。根性と負けん気で、日本代表にまで上り詰めた人間だけが持つ真髄がその教えにはあった。車いすに乗れるのなら、なんでもやれるはずだという信念だ。そして、その教えはまさに国枝のプレースタイルである。拾って拾って、拾いまくって勝つ。その基礎を、星が国枝に叩き込んだのだ。

「俊敏な動物のよう。この子ならパラリンピックに出られる」

「横へのスピードはありましたが、車いすを回転させる技術が乏しかった。でも教えたらすぐにできるようになった。タイヤがハの字についた競技用の車いすでくるくる回ってから打球を追いかける。俊敏な動物のようでした」

星は国枝の才能を見込んで、日本ランカーのいる大人たちの教室にも参加させた。すると、国枝少年のスピードは大人よりも速い。大人に勝って自信をつけ、さらにテニスが楽しくなった。打ち方は軟式テニスのように同じ面でフォアもバックも打つトップスピン。この打ち方ならグリップチェンジをしないで済む。車いす操作も行わなければいけない選手には一番の方法である。

星は、平日の夜もマンツーマンのレッスンに国枝を駆り立てた。

「土日は教室。平日は3日くらい夜に練習する。このときは二人だけのマンツーマン。サーブをやってラリーを行う。私は47歳、慎吾は11歳。そんな大人に幼な顔の慎吾が食らいついてくる。こちらはもう面白くて、この子は普通ではないと思いました」

TTCには毎回、母が車で連れていかなければならなかった。月謝も払わなければならない。母も息子のために必死だったと星は言う。

「雨の日でも一緒に練習しました。私ら選手は優先的にインドアコートが取れた。そんなとき、『練習やりますか』とお母さんに電話すると、慎吾を連れてきましたね」

大人の世界ランカーと打ち合えた国枝少年。またたく間に上達し、この子はパラリンピックに出られる選手になると星は見込んだ。「2008年の北京パラに間に合うかもしれない」と思っていた。ところがその前のアテネパラ（04年）に出場してしまったのだ。

「私が思っていたよりも遥かに早く上達した。それもアテネでは齋田悟司と組んだダブルスで、金メダルまで獲ってしまった。凄い子だったですね」

二人の練習は、星がTTCを辞める国枝の高校2年生時まで続いた。

国枝はインタビューなどで、星が最初のテニスの先生であり、車いすテニスについて多くのことを教えてもらったと何度も語っている。

星もまた、その後の慎吾の活躍を心底喜んでいる。

「NHKの番組に慎吾が出ていて、『星さんがいたからテニスを続けてこれた』って言ったんです。嬉しかったですね。彼の携帯番号も知らないし、あれからは大会で会うくらいで付き合いもなかったけれど、そう言ってくれている。これからもまだまだ頑張ってもらいたいです」

「障害があっても何でもできる」と自信を持てた――TTCでの自覚

中学生になった国枝はテニスもやっていたが、まだ友人たちとやるバスケットのほうが楽しかった。というのも、TTCで一緒に練習する相手は大人ばかりだったからだ。星はコーチであって、「友達」ではない。髭《ひげ》を生やした怖い存在だった。障害を抱えていたとはいえ、何でもひとりで行っていた、敬うべき存在だったのだろう。国枝も星を見習い、中学校までの2キロの道のりは雨の日以外、車いすで通学した。

学校の成績は常にトップクラスだった。苦手な科目はなかった。負けるのは嫌だった。体育の授業でも常にクラスメイトと一緒、見学するなど考えたこともない。サッカーもみんなと一緒にやっていた。小学校時代同様に、国枝の明るく負けず嫌いな性格が、ハンデを周囲に感じさせなかったというべきかもしれない。自身の障害について、彼はどう思っていたのだろうか。再び先の講演での話から。

「目が悪い人が眼鏡をかけるのと同様に、僕らは脚が悪いから車椅子に乗ります。昔はよく、『車椅子でテニスやるなんて、偉いね』と言われていました。でも偉くないですよね（笑）。僕も健常者の皆さんと一緒で、スポーツをやりたいだけなんです。スポーツをやるには車椅子に乗る必要がある、ただそれだけなんです。だから偉くないんですよ」⑦

もちろん、学校での分け隔てない生活は、両親の願いを先生たちが理解して指導したことも大きい。仲間たちも、国枝と何でも一緒にやることを当然のことと思ったのだ。

もし国枝が養護学校（現在の特別支援学校）に入っていたら、介護されることを当然だと考え、できることは何でもすべて自分でやるという独立心がここまで強くなっただろうか、と星も言う。国枝本人は、自身のハンデに対する考え方を大きく変えたのはTTCだったと先の講演で話している。

「テニスを始めるまでは、自分も車椅子生活でしたけど障害者の方に偏見を持っていました。でも、センターに来ている方は身の回りのことは全て自分でやります。車の運転もするし、一人暮らしもする。エスカレーターにだって乗ってしまう。そうした方々と接することで障害者の方に偏見を持たなくなりましたし、子どもながら自分の将来をイメージすることができました。（中略）『障害があっても何でもできるんだ』と自信を持てたのも大きいですね」⑧

負けたくやしさがテニスにのめりこむきっかけに

こうしたときに初めて大会に参加した。車いすの操作もほめられていたし、打つこともしっかりできた。それなのに1回戦負けを喫した。スポーツに自信があっただけにショックを受けた。中学1年生のときだった。

「僕は負けず嫌いなんで、負けたのがすごく悔しかった。でもそれだけじゃなく、試合の緊張感を愉しむことができたんです。（中略）本当に試合が待ち遠しかった。のめり込んでいきましたね」⑨

テニスの練習に熱が入った。星が教えることをすべて吸収して、できるようになりたいと思った。中学2年生のときに一番下のDクラスで優勝、前年の雪辱を果たした。この1997年はTTCの平木理化が全仏オープンで、インドのマヘシュ・ブパシと組んだミックスダブルスで優勝するという快挙を成し遂げた。間近に見ていた選手がグランドスラムを制する。国枝が世界を夢見ることになってもなんら不思議ではない。

翌年、中学3年生になると、Cクラスで優勝した。1年にワンクラスずつランクアップしたのだ。

この年、星はワールドチームカップの代表メンバーに選出されている。つまり、日本代表選手の星に勝ちたいと中学3年生の国枝が考えたわけで、これはまさに国枝のテニスへの気持ちが、本気以外の何ものでもなくなったことを物語っている。

ワールドチームカップ
1985年から毎年開催されている車いすテニスの国別対抗戦。2022年までに日本代表が男子で3回、女子、クアード、ジュニアで1回づつ優勝している。

第3章

新たな「師」との出会い

──丸山弘道 「世界一」へのコーチング

「あっと衝撃を受けました。男の子が、車いすなのに飛び跳ねるように動いている。教えたら世界を獲れるかもしれない。そう直感しました」

丸山弘道

「一度打ち合ったが、テニスにならなかった」──齋田悟司のプレーに圧倒される

国枝は中学を卒業し、地元柏市にある麗澤高校に入学した。この高校はバリアフリーにも力を入れているので学校生活もしやすい。中学同様、自宅から高校まで車いすを漕いで通学した。帰宅すると、午後7時から星との2時間の練習が待っていた。目前の大会に勝ちたい、いつか星に勝ちたい。暗闇を明るく照らすコートサイドの照明のように、国枝は自分の未来を見つめていたのかもしれない。

そんな高校1年生のある日、日本ランキング1位の齋田悟司が練習拠点をＴＴＣに

移してきた。齋田は三重県で生まれ、小学生時代は野球少年だった。ところが12歳のときに悪性腫瘍である骨肉腫を発症し、左足を切断したが、車いすテニスの講習会を受けたことをきっかけに、14歳から車いすテニスを始めた。このときまでに、1996年のアトランタ、2000年のシドニーと、続けて2度のパラリンピックに出場していた。シドニーではシングルス、ダブルスともに8位だった。齋田は世界一を目指すため、安定した就職先であった四日市市役所を退職して千葉に越してきたのだ。

その頃の齋田は、すでに本格的に世界ツアーを回りだしていた。日本人で初めてといっていい未知の世界への挑戦。見知らぬ外国で会場を探し、ホテルを予約し、練習相手さえ見つけられないという苦しい日々も送った。当時の日本車いすテニス界は、世界では弱小な存在に過ぎなかった。しかし、泣き言は言っていられない。グランドスラム大会に出るには、海外の試合に勝ってポイントを稼がなくてはいけない。その頃の苦労話を、二宮清純によるインタビューで齋田が回顧している。

「ベルギーの大会へ行った時、飛行機を降りると荷物として預けていた競技用の車椅子がペッチャンコになって出てきたんですよね。試合をやるために練習をしてきて、現地まで来ているのに戦うことすらできない。それはつらかったですね」①

そうしたことを乗り越えて海外への道を切り拓いた齋田。国枝が世界一になれたのは、齋田がいたからにほかならない。

齋田は身長185センチと大きく逞《たくま》しかった。初めて齋田の練習を見た国枝は、衝撃を受けた。雑誌のインタビューでこう語っている。

「パワーが半端ではない。球の速さ、ラケットさばき、すべての技術に目を奪われてしまった。一度打ち合ったが、テニスにならなかった」②

初の海外遠征での衝撃

齋田と手合わせした国枝はまったく歯が立たなかった。この日を境に、齋田という大きな目標ができたのだった。

さらに、当時の国枝にとって衝撃的なことが起こる。それはTTCの吉田理事長（現名誉会長）の計らいで、海外遠征に行けたことだ。まずは車いすテニスの本場、オランダで開催された国際テニス連盟（ITF）主催のテニスキャンプに参加した。18歳以下のキャンプで、多くの同年代の選手と交流できた。とりわけ、当時の世界ナンバーワンであるオランダのリッキー・モーリエのプレーに強い衝撃をうけたことを、国枝がのちにこう語っている。

「もう鳥肌が立つくらい、すごいなと。なんて格好いいんだろうと思ったんですね。技術にしても、パワーにしても、圧倒的でした。そんな彼といつか同じコートでプレーしてみたい――車いすテニスをやりながら、僕が初めて抱いた夢であり、それが目標になりました」③

才能のあるジュニアには、早めに世界トップのテニスを自分の目で見せたほうがいいという吉田理事長の目論みが、まさに的中した瞬間だった。

「井の中の蛙大海を知らず」であった。国枝の練習に、一層の闘志が湧いたのは言うまでもない。

もう一人の師・丸山弘道がTTCのコーチになるまで

世界の強豪と戦うという夢に向かって走りだした国枝に、その夢をかなえさせようという新しいコーチが出現する。TTCでジュニアを教え、車いすでは齋田を指導していた丸山弘道だ。1969年生まれで、国枝よりも15歳上。星が国枝の父のようなコーチとすれば、丸山は年の離れた兄といったコーチだ。

丸山は玉川学園高等部から明治大学に進んでテニスを極め、インターハイやインカレ（全日本学生選手権大会）に出場するなど活躍したが、卒業後は生命保険会社に就職する。仕事に忙殺されるうちに自分が変わってしまったように感じて、4年間勤めて退職した。自分を見つめ直していたそのとき、TTCから声がかかる。

「コーチの仕事ではなく企画運営でした。それで入れていただくことに決めました。というのも、コーチは自分には合わないと思っていたからです。自分は教わるより考えるタイプ。ずっとテニスをしてきて思うことは『自分で考えろよ』ということだったのです」

コーチの言うことを鵜呑みにしない。当時の体育会運動部は根性論が主流だった。考えるより稽古せよ。その指導は、習う側に考えることを許さなかったといってもいい。丸山は、それが嫌いだった。

「テニスは頭を使うスポーツなんです。チェスのように一手ずつ攻めて追い詰める。最後にウイニングショット。根性で走り回って拾いまくっても、限界があります」

おそらく、古い体育会的な空気、有無を言わさない風潮が嫌だったのだろう。だから卒業後もスポーツ関連に就職せず、金融関係を選んだ。自分で考えて、結果を出す。そんなビジネスマンに憧れていたはずだ。しかし、そこでも何かが違っていたのだ。

TTCに入った丸山は、大会の企画運営などの仕事に従事した。

「ところがコーチの頭数が足りなくなって、不本意ながらジュニアクラスを手伝うようになりました。そうした頃、1999年にアメリカのスティーブ・スミスさんというコーチから、最先端のコーチング術を教わったのです。このことで一気に自分の中でコーチ熱が湧いて、翌年ひとりのジュニアを全日本で優勝させることができました。その間に、車いすテニスで2度もパラリンピックに出場している大森康克選手から、半ば強引にコーチを頼まれたのです」

大森康克　日本の元車いすテニス選手。パラリンピックで車いすテニスが初めて正式競技となったバルセロナ（1992年）、およびアトランタ（1996年）に日本代表として出場。

「丸山さんは介助者ですか？　コーチですか？」

そう言われても、丸山は車いすに乗った経験もない。自ら車いすを操作できなければ教えることはできないと、当時の車いすテニスコーチ、芝本圭史からレッスンを受けた。さらに大森から、車いすテニスのコーチとしての心得を教わった。

「大森さんのコーチをやりだして4回目か5回目のときです。これまでのように大森さんがTTCに到着するや荷物を僕が運んだのですが、そのときに『丸山さんは介助者ですか？　コーチですか？』と言われたんです。そのときにハッと気がつきました。僕はテニスの指導だけすればいいんだと。大森さんは障害者ではなく、単に車いすを使うひとりのテニスプレーヤーなんだと。健常者と分け隔てなく指導しなければいけないと」

その後、大森から山倉昭男選手のコーチを依頼された。

「山倉さんからは車いすテニスのイロハを教わりました。いつも動いていて止まってはいけない、背中を見せながら返球体勢に入ることなど、車いすテニス独特の動きを学ばせてもらいました。そうした動きから戦術を練り上げ、山倉さんは最後の2大会で、目指していたシドニーパラリンピックの代表選手の座をつかむことができました」

この結果は、車いすテニスの指導者としての自信を丸山に植え付けることになる。

こうして、四日市からやってきた齋田のコーチをすることになるのだ。齋田はパラリ

山倉昭男　日本の元車いすテニス選手。シドニーパラリンピック（2000年）に日本代表として出場。

ンピックに出るだけでなく優勝を目標としており、さらには世界を転戦してグランドスラム大会で優勝、世界一を目指していた。

「大森さんと山倉さんは、日本一になってパラリンピックの代表になることが目的でした。いわば国内向けのドメスティック・テニスでよかった。しかし齋田さんは違う。インターナショナル・テニス。国際基準のテニスをつくる必要がありました」

そのために丸山が齋田に課したことは、ワンバウンドで打ち返すこと。車いすテニスではツーバウンドOKのルールなのに、あえてワンバウンドで打ち返す。そうすれば、相手は態勢を立て直す余裕がなくなる。

「世界一になるためには常識を覆すことが必要だと思います。車いすテニスの常識であったツーバンドをワンバウンドで返球する。要は健常者のテニスです。車いすテニスも健常者テニスも、分け隔てなくプレーする。その可能性を追求することが私の指導テーマにもなりました」

この結果、齋田はシドニーパラリンピックの代表選手になった。次のアテネパラリンピックではダブルスで金メダルを獲り、世界ランクで3位にまで上り詰めることができたのである。

「どうせやるならカッコよくやろう」

ちょうどその頃、世界のトップ選手を見て帰国した高校生の国枝慎吾は、目の色を変えて練習し、急成長を遂げていた。同じクラブ内なのに、丸山は国枝のことを知らなかった。多くのジュニアをはじめ、山倉、齋田、それに女子車いすテニス日本一となる八筬美恵の指導にも当たっており、一日15時間、月に250時間も働いていたからだ。同僚のコーチから「面白い中学生がいるぞ、見ておけよ」と言われても、見る暇がなかった。

ある夏の日、雨が降ってジュニアプログラムが中止になった。そのとき、インドアコートを上から眺めたのである。

「あっと衝撃を受けました。男の子が、車いすなのに飛び跳ねるように動いているんです。躍動感にびっくりしました。あの子が国枝慎吾だとすぐにピンと来ました。テニスは下手だったけど、教えたら世界を獲れるかもしれない。そう直感しました」

丸山は階下に下り、国枝を待ち受けた。ラウンジに現れるや声をかけた。そんなことは初めてだった。後にも先にも初めてのリクルートだった。

「国枝くんだよね。君は世界のトップレベルにいける。どうせやるならスターになるためにカッコよくやろう。カッコよくなければスターにはなれないから」

格好いいテニス。格好いい車いすテニス。それこそ、国枝が海外で見たトップ選手

八筬美恵　日本の元車いすテニス選手。JWTAマスターズ6連覇の他、アテネパラリンピック（2004年）では女子ダブルスで4位の成績を上げた。

たちのテニスだ。自分もそうなりたい。ならば、すぐにでも丸山に教えてもらいたいと思ったのだろう。

丸山は、国枝の顔をしっかり見て言った。

「来週から一緒に練習しよう。お母さんには僕から伝えておくからね」

車いすテニスで最も重要なのは、車いす操作だと丸山は言い切る。それは、健常者のテニスのフットワークよりも勝敗の鍵を握る。スピード、切れ、鋭さ。そうした車いす操作の才能を、国枝は先天的に持っていると丸山は見抜いた。なぜなら車いす操作は先天的な才能がものをいうからだ。丸山は芝本コーチにレッスンを受けたときにそれを感じた。「自分には車いす操作の才能はない」と。このことは、国枝本人もインタビューで語っている。

「こればかりはセンスだと思います。小学校6年の11歳のとき、テニス用の車いすに乗ってみろと言われて、初めて乗って動かしてみたその瞬間から、僕はその場にいた誰よりも速く動かせた。健常者の方だって、最初から走るのが速い人と遅い人がいるのと同じです」④

丸山との練習の始まり

丸山の申し出は、最初のコーチであった星がTTCから去ったあとだっただけに、ありがたかった。日本一の齋田を強くした丸山から教えてもらえるのだ。それも格好いいテニス、魅せるテニスなのである。原辰徳のスター性に憧れていた野球少年に、齋田やリッキー・モーリエみたいになれると、丸山が保証してくれたようなものである。胸がときめいてもおかしくない。

丸山のレッスンは、土曜と日曜に集中的に行われた。土曜は八篊と男性のプライベートレッスンに、日曜は日本ランキング15位から30位くらいの選手プログラムに国枝を入れた。ハイレベルな成人プレーヤー10人ほどと競い合わせたわけである。

丸山はどんなレッスンを行ったのか。丸山本人が筆者に語ってくれた。

「ベーシックなことばかり。派手なことは一切なく、ボールを打っていくことです。球出しをしたボールをしっかりヒットする。それも徐々にスピードを上げて、それでも速く動いてしっかりとヒットする。まずはそのことを徹底して行う。守備からきちっと指導するのが重要なのです。守備のテニスを徹底してやらせました」

これは国枝の初代コーチであった星も重視していたことで、それを世界水準にまで引き上げたのが丸山である。

「最初の提案は、100球打ってきたら、101球打ち返す。それを徹底してやらせました。というのも、慎吾のショットはパワーがないので、動くことしか武器がなかったということもありました。フォアハンドは擦り上げるだけのトップスピンでパワ

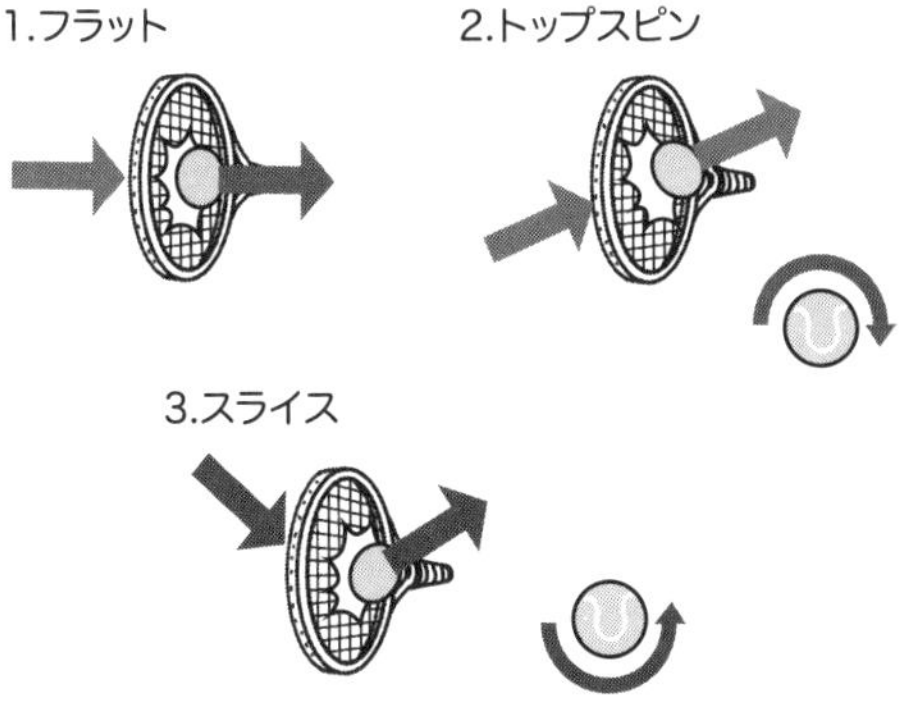

①フラット　ボールにラケットを垂直に押し当てるように打つ。高速でボールの回転量が少なく、まっすぐに飛ぶ。
②トップスピン　ボールに縦方向の回転（順回転）をかける打ち方。ネットを超えると急速に落ちる。サーブで使用するとサービスエリアに入りやすくなる。
③スライス　ボールにバックスピン（逆回転）をかける打ち方。球速は遅く、態勢を立て直すための時間稼ぎとして使われたり、相手のペースをかく乱するときなどに使われる。

ーもスピードも乏しかった。バックハンドはスライスで逃げるだけ。サーブはどうしようもなかったし、ダブルフォルトも多かった。直せと言っても言うこと聞かなかったし、ただ入れておいて後は拾いまくる。本当にそれしかなかったのです」

　この2001年には8月のジャパンカップに初参戦して優勝を手にし、続く神奈川オープンでも優勝することができた国枝。名選手は出場していなかったが、それでも優

ダブルフォルト　サーブを2度失敗すること。サーバーはそのポイントを失う。

勝の味は格別だったに違いない。

先端のフィジカル強化プログラムで世界ランク驚異の100人抜き

丸山のレッスンが始まった翌02年早々、国枝は齋田とともに真夏のオーストラリアに遠征した。腕試しのシドニー国際車いすテニスオープンではシングルス、ダブルスともに優勝するが、グランドスラムの一つ、全豪オープンでは、当時ナンバーワンのロビン・アマラーンに2回戦で当たり、0－6、0－6の完封負けを喫した。

国枝にとって初の海外遠征で、それも真冬の日本から真夏の現地に移動しての戦いで、体力を消耗した。当時日本2位の中野秀和に勝利したものの、疲労困憊だった。本人はパラリンピックの日本代表が視野に入ったと語ったが、丸山からすれば、体力のなさが今後の鍛えるべき課題となった。車いすテニスといえども、熾烈な争いになれば4時間を超えることだってある。当時の国枝は、20～30分間しか全力でゲームをすることができなかったのだ。

このフィジカル面をTTCは重視しており、独自のプログラムが導入されていた。体力強化はトレーナーが、技術強化はコーチがそれぞれ受け持ち、両方を強化して世界で戦える選手を育成しようと考えていたのである。フィジカルプログラムはアスレチックトレーナーの安見拓也らが基礎を作り上げ、新任のフィットネストレーナー、

中野秀和　日本の元車いすテニス選手。アテネパラリンピック（2004年）に日本代表として出場。

ホルスト・ギュンツェルが体系化していった。ギュンツェルは東ドイツ出身で、ライプツィヒ体育大学卒のフィットネストレーニングの専門家であった。

それまでトレーニングといえば、車いすで長距離を漕がせたり、または短距離を競わせる走り込みや、右に左に回転するといった単純なものだった。TTCではそれを体力要素として大きく6つに分け、テストを経ながら強化していった。①動作であるモビリティ、②移動スピードとスイングスピード、③動きとストロークのパワー、④筋力、⑤柔軟性、⑥持久力と回復力である。

モビリティとスピードは車いす操作である。90度～360度までのターンをいかに素早く行えるか。車いすを押し出したり引いたり、くるくると回転したり。一漕ぎでどれくらい走れるか。加速・減速・ストップの巧みさ。さらにコーンを置いて8の字を描いたり、ジグザグ走をしたりといったことを行う。世界一の車いす操作を誇る国枝は最初からナンバーワンだったが、これを長時間行い、持久力を養っていったのである。

このTTCのフィットネスプログラムは斬新で独創的、かつ理論づけられたものだったため、これまで弱かった日本選手が続々と好成績を上げていった。こうした成果が世界中から注目を浴びることとなり、国枝や齋田ら選手たちを使ったプログラムのDVDが2005年に発行された。国際車いすテニス協会（IWTA）が承認し、これまでに25カ国で扱われ、貴重な教科書としてロングセラーを続けている。

国枝は4月から麗澤大学に進学すると、夏に3週間にわたるヨーロッパ遠征を経験する。そこで出場したザルツブルクオープンで優勝することができ、このままフィジカル強化も実っていけば、「世界のトップレベルにまでいける」という丸山コーチの「予言」が現実化するように思えた。

〈アテネパラリンピック（２００4年）に出場できるかもしれない〉

そんな希望も夢物語ではなくなってきた。それもそのはず、02年のこの年の当初、１６８位だった国枝の世界ランキングは、年末になると一気に１００人以上を抜き去り、25位にまでジャンプアップしたのだ。アテネまであと1年半ある。この時点で国枝は、車いすテニスの完全なる競技者に変貌していたのである。

第4章 2004年アテネパラで日本テニス界初の「金メダル」

「いつも通りのプレーをすればいい。それで勝てる」

齋田悟司

憧れの先輩・齋田によるアジア勢初のジャパンオープン優勝

ジュニアを卒業し、成人の大会に出るようになった国枝。車いすテニスの大会は世界中で行われていた。各大会は、国際テニス連盟（ＩＴＦ）が定めたグレードに分かれている。最も高いグレードはグランドスラムで、その下にスーパーシリーズがあり、さらにＩＴＦ1、ＩＴＦ2、ＩＴＦ3、フューチャーズ大会となっている（巻頭コラム参照）。各大会と順位で、得られるポイントが異なる。

現在国内で行われる大会では、ダンロップ神戸オープンはＩＴＦ3、北九州オープンや神奈川オープンなどはフューチャーズに属し、かつてグランドスラム大会だったジャパンオープンは現在スーパーシリーズの格付けである。グランドスラム大会に出場するためにはポイントの高い大会で好成績をおさめていく必要がある。齋田はそれを目指す国内初の選手だったと言っていい。

国内最大の車いす大会は、北九州の飯塚市で行われるジャパンオープン（飯塚国際車いすテニス大会）である。飯塚での車いすテニスは脊髄損傷専門病院、総合せき損センターのリハビリテーションから始まり、1984年に九州車いすテニスクラブが発足して、翌85年に第1回大会が開催された。90年の第6回大会で世界ランキング対象大会となり、2004年の第20回大会からスーパーシリーズに格上げされた。

ITFが定めるスーパーシリーズともなると、世界中から有力選手が結集する。ジャパンオープンは毎回2000人ものボランティアによって運営され、2018年からは障害者スポーツで初めて天皇杯・皇后杯が下賜されるようになった日本一の大会である。日本選手としては、まずこの大会に優勝することで世界への扉を開くことになる。

大会開始以来、男子シングルスでは15年以上も優勝者はすべて外国人選手だった。その中には、齋田がシドニーオープンで完敗したデビッド・ホール（通算8回優勝）や、国枝が初の海外遠征で衝撃を受けたリッキー・モーリエ（98年優勝）もいる。名だたる優勝者の中にあって、2002年にようやく齋田悟司が日本人、またアジア人としての初優勝を成し遂げた。日本車いすテニス界にとって大きな一歩であり、世界と肩を並べることのできた快挙だった。

健常者のテニスだけがテニスではない。車いすテニスはツーバウンドまで許されているため、ラリーが長く続くし、拾えないと思える球も返球できる。健常者のテニスにありがちな、サーブだけでゲームが決まっていくといった単調さがなく、打ち合いは激しさを増し、その緊迫感は健常者のテニス以上だ。一度見たら、その面白さに興奮し、新しいスポーツを観た感激を味わえる。

北九州の飯塚市では、その面白さを早くから市民が体験してきた。日本車いすテニス協会元広報の佐々木留衣は、飯塚市の生まれだけに「車いすテニスがテニスだった」と言うほどだ。

2002年のジャパンオープンでの齋田は、まさに火だるまとなって外国勢を打ち破っていった。外国選手と互角以上の大きな体をフルに使い、強打を叩き込んだ。丸山コーチと考え抜いた戦略も功を奏した。TTCに移ってきてから、高かった世界の壁をやっと突破することができたのだ。純白のシャツと帽子、カップを掲げる日に焼けた顔は、これ以上ないという男前だった。齋田悟司、30歳。これまでのモヤモヤした霧が一気に晴れた瞬間だった。

「初めて日本の車いすテニスが世界から認められた」

齋田のジャパンオープン制覇にさらなる刺激を受けた国枝は、フィットネス強化を図り、実力をうなぎ登りに上げていった。2003年、国枝が大学2年生になったとき、齋田からダブルスのパートナーになってほしいという申し出があった。

こうして臨んだ5月のジャパンオープン。国枝は、シングルスで2000年シドニーパラリンピックの金メダリスト、デビッド・ホールに準々決勝で敗れたものの、齋田と組んだダブルスで、ホールのいる組を破って優勝した。12歳年上の日本チャンピオン、齋田のリードで勝たせてもらったとはいえ、ダブルスでスーパーシリーズを制したことは大きな自信になった。

国枝は、7月のワールドチームカップに初めて日本代表として選ばれた。この大会は世界国別対抗戦で、健常者テニスのデビスカップ（男子）、ビリー・ジーン・キング・カップ（女子。旧フェドカップ）に相当する大会だ。1985年から始まったが、これまで欧米諸国が圧倒、女子はオランダ勢がほとんど優勝している。2003年はポーランドのソポトで開催された。シングルス2試合とダブルス1試合の団体戦で争われる。

日本からは、国枝の他に齋田と山倉が日本代表選手として出場した。19歳で伸び盛りの国枝は齋田に続く日本のナンバーツーとして、ドイツ、アメリカ、オランダ選手に3戦全勝。ダブルスも、齋田と組んで強豪オランダとイギリスを破った。ちなみにオランダは、シドニーパラリンピックのダブルスで金メダルを獲ったロビン・アマラーンのいるペアだった。

これらの勝利で、日本は初めてワールドチームカップに優勝した。これで、翌04年に行われるアテネパラリンピックのメダルが現実を帯びてくる。代表チーム監督だった丸山弘道はうれしさを隠せなかった。

「優勝して、世界の国々のコーチたちから『おめでとう、よくやったね』と声をかけてもらいました。初めて日本の車いすテニスが世界の国々から認められたのだと思いました。自分自身もこれまで日本が弱かったために顔も知られておらず、選手の付き添いかと言われていましたので、コーチとしても認められたのかなと自信がつきました。それは齋田や国枝も同じだったと思います」

ＴＴＣ広報の加藤信昭が苦労して編纂した『ＴＴＣ20周年記念誌』がある。その本の中に、２００３年のトピックスとして、このときの表彰式での一枚の写真がある。その銀の優勝カップを齋田と山倉が片手で、丸山が両手で支えている。その横で、若い国枝がカメラ目線で大きなガラスのカップを高々と掲げている。１９００年から行われているデビスカップでは１００年以上経った今でも日本勢が優勝できないでいるが（１９２１年に１度だけ準優勝）、車いすテニスのワールドチームカップでは、開催からわずか19年でアジア初となる優勝を成し遂げたのだ。しかも日本はその後、2007年と2018年に国枝らの活躍で優勝を遂げている。

そして齋田は、このワールドチームカップとジャパンオープンの優勝によって、2003年の国際テニス連盟が選出する「世界車いすテニスプレーヤー賞」に輝いたのである。

国枝の「脚」となった車いすの秘密

2003年の国枝の躍進ぶりは、彼にとっての「脚」となる車いすを、オーエックスエンジニアリング社（以下オーエックスと略す）製のテニス向け競技用車いす「TRZ」に変更したことも大きい。オーエックスは、モーターサイクルレースのライダーだった石井重行（故人）が創業した車いすメーカーだ。石井は新型オートバイの試乗中に事故にあい、脊髄を損傷して車いす生活を余儀なくされた。そのときに当時市販されていた車いすに満足できず、自分のためにスタイリッシュでスピードの出る車いすを開発。それが世界に認められて、1993年に市場参入した。

これまでに陸上、テニス、バスケットなど、障害者スポーツ向けの機能性に富む優れた競技用車いすを開発し、96年のアトランタパラリンピックから東京パラまでに、同社製品を使用した選手が通算144個ものメダルを獲得している。テニス競技用車

オーエックスエンジニアリング社 競技用車いすの進化

テニス用車いす

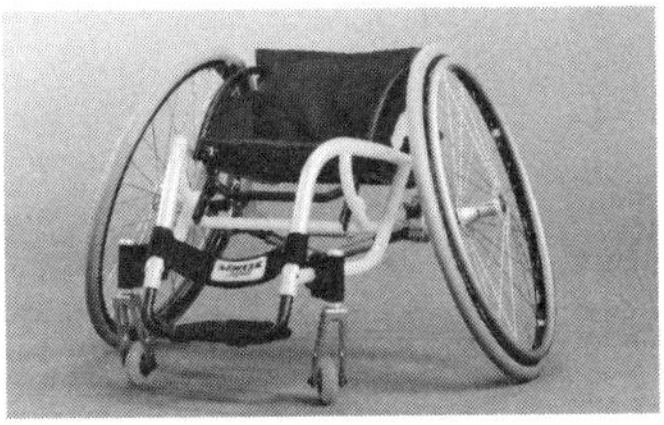
TR-01
(1993年5月発売)

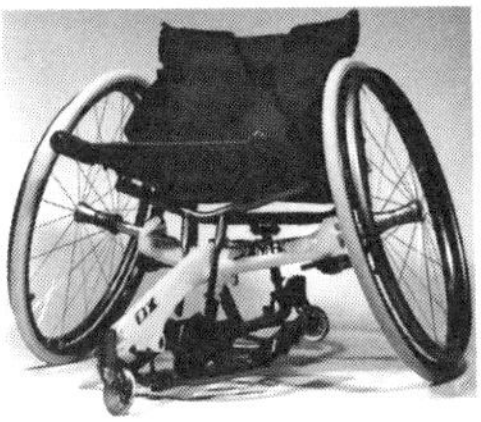
TYR
(1999年2月発売)

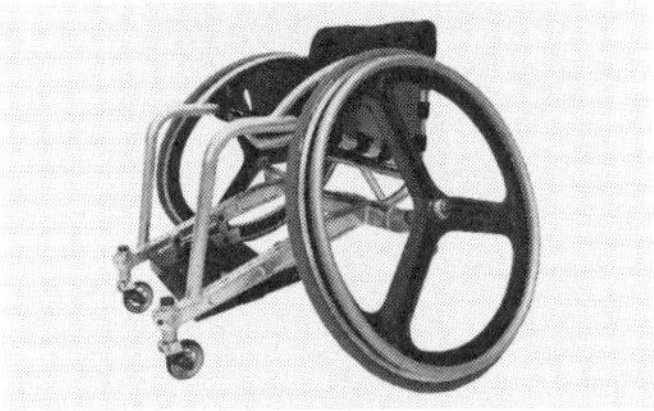
TRZ初期型
(2002年11月発売)

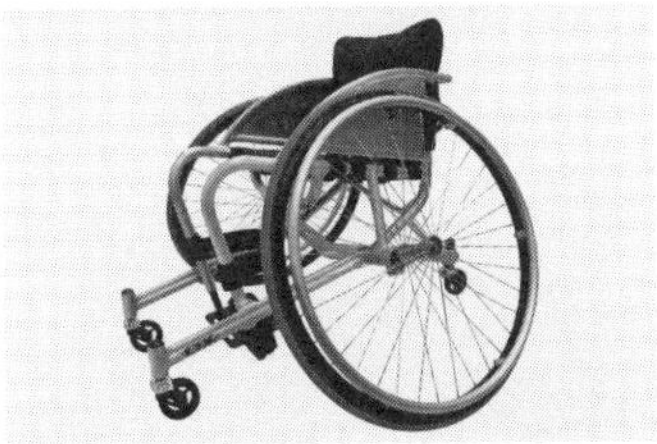
TRZ現行型

【比較用】陸上競技用車いす

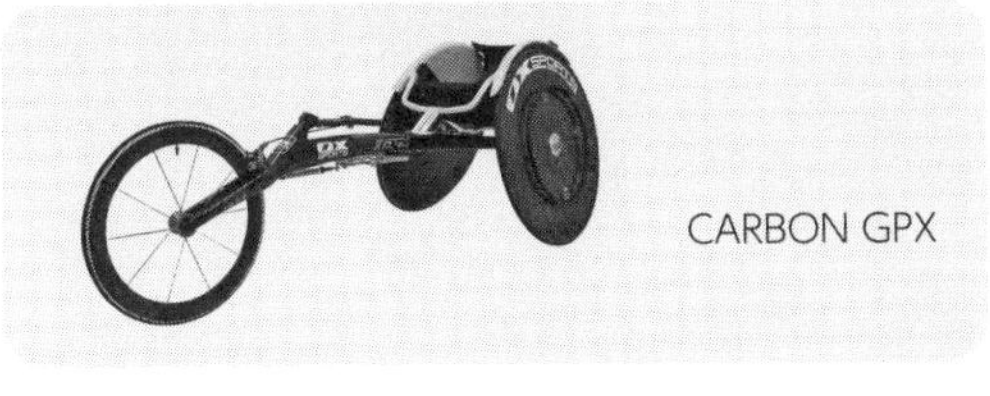
CARBON GPX

いすは、国枝の最初のコーチでもある星義輝のアドバイスなどにより、93年に「TR-01」と「TR-02」が生み出され、99年に「TYR」、さらに齋田が同社の社員となって「TRZ」へと改良・進化していった。

この「TRZ」は完全フルオーダーモデルで、使う人の体を隅々まで徹底採寸して作られ、しかも使用者の感性に合うように微調整を重ねて仕上げられていく。素材はアルミ製で、壊れても修理しやすいように設計されている。開発した「ヤスさん」こと安大輔は選手の要望を具現化し、さらには国内の大会をくまなく回ってケアをしている。そんなメーカーは世界中を探してもなく、創業者である石井会長のレースに賭ける情熱が製品に反映されているからこそだ。

安が筆者に語ってくれた。

「国枝さんは外国製の車いすを使っていたのですが、齋田さんとダブルスを組むようになって、オーエックスの車いすの良さに気づかれたと思います。02年にTRZに乗り換えられたのですが、翌年に齋田さんが細かく採寸し、国枝さんが求める性能を発揮できるモデルとなりました」

国枝モデル1号機の誕生である。それにより圧倒的に動きやすさと打ちやすさがアップした。自分の意思がダイレクトに伝わる車いす。まさに体の一部、自分の「脚」になったのである。

国枝、ついに「日本王者」齋田を破る

国枝も、車いすについてインタビューで語っている。

「ぼくにとって、今の車椅子は〝靴〟じゃなくて〝脚〟なんです。靴なら替えは効くけど、脚はそういうわけにはいきませんよね。調子のいい時は、いま左の前輪にどれくらい体重が乗っているか、そこまで感じる時もあるんです。長い間かけて、血と神経が通ってると思えるぐらい自分に馴染んだものですし、現実問題、ぼくはこの車椅子で勝てている」①

国枝モデルはその後も変化し進化を遂げていくが、2003年は彼にとって画期的な車いすが手に入った年であり、この車いすを使って、ワールドチームカップで連戦連勝したというわけである。

さらにこの年の末に、国枝にとって思ってもみなかったことが起きる。それは、国内で上位にランキングされる選手らが日本一を決める全日本選抜車いすテニス選手権大会（JWTAマスターズ）で、17歳のときには手も足も出なかった齋田を破って優勝したことである。

車いすテニスの日本選手権といわれるJWTAマスターズは1991年に第1回大会が開かれ、丸山をコーチに指名した大森康克が第2回、第5回大会を制している。齋田悟司は第4回大会で初優勝し、第6回大会から2002年まで7連覇していた。

全日本選抜車いすテニス選手権大会（JWTAマスターズ）　吉田記念テニス研修センター（TTC）が主催。男子・女子・クアード各シングルスの日本ランキング上位者で行われる。1992年より毎年12月頃に開催されている。

その間、齋田は絶対的な日本王者として君臨していたと言っていい。ところが、8連覇を狙う齋田を国枝が破って優勝してしまったのだ。

この年の初めの全豪オープンでも、国枝は2回戦で齋田を破ってはいた。しかし、それは運があったという展開によってであり、本人も試合後に「信じられない」と興奮気味に語っている。それ以前も以後も、すべての試合で齋田に退けられていた。

しかし、この年末のJWTAマスターズでの勝利は意味合いが違っていた。これまでの絶対的な日本王者の座を、国枝が実力で奪った出来事だったからだ。しかも実力を世界レベルにまで高めていた齋田を打ち破ったのである。国枝の進歩は齋田をも上回る速さだったと言わざるをえない。「二度あることは三度ある」を思わせる勝利だったのだ。

手首のけがで不安に包まれたままのアテネパラ開幕

2004年は、日本の車いすテニス界にとって革命的な年だった。アテネパラリンピックで齋田・国枝組が金メダルを獲得したからだ。その後の国枝の活躍を考えれば当然のようにも感じるが、そのときの国枝の体は万全でなく、薄氷を踏むような戦いの連続だった。

前年末に齋田を破ったことから、躍進を遂げた国枝を、誰もがアテネパラに出場確実と思っていた。ところが、年が明けてのシドニー国際で齋田に雪辱を果たされ、続く全豪オープンでは準々決勝でデビッド・ホールに敗れた。そして5月に国枝は手首を痛めてしまったのだ。ある雑誌で国枝がこう振り返っている。

「フォアハンドを打つたび痛みが走る状態でした。それでも第8シードに入りたかったので、治療をしつつ、練習量を減らしてプレーはしていました。7月には4週間のヨーロッパ遠征を計画していたのですが、最初のフレンチ・オープンで手首が痛くなって、1週で帰国しました。その頃は大学にも『アテネ出場決定』という横断幕があったり、『がんばれよ』と声を掛けてもらったりしていたのですが、実際は出場できるかどうかもわからない状況でしたから、すごく苦しかったです。8月中旬までテニスはできず、体調も悪かったのでけっこう泣きましたね。齋田さんにも『もし出られなかったらすみません』と伝えました」②

20歳になったばかりの国枝は、まだまだ精神的にも完成されていないひとりの青年だった。パラリンピックに出場したいと願っているうちは楽しいが、いざそれが現実となるとプレッシャーになる。体調が悪ければなおさらである。孤独だった。

アテネまで、すでに1カ月を切っていた。実はこのとき、国枝はアテネを最後に引退するつもりだったとインタビューで明かしている。

「トーナメントを転戦するのに年間200万円以上もの経費がかかってしまう。そのすべてを親に頼り切っていました。さらに4年、同じことをするのは無理だなって思ってたんです」③

9月、ぶっつけ本番でアテネに入った。試合はしていないし、練習も満足にできていなかった。練習で手首を痛め、本番でプレーができなくなるような事態だけは防ぎたかった。結果は、準決勝で強者のデビッド・ホール選手に敗れ、ベスト8となった。テニス雑誌で、このときの心境をこう語った。

「シングルス1回戦は200位台の相手だったのですが、久しぶりの実戦ということもあって、やたらと緊張したのを憶えています。運よく第8シードに入れたこともあって、結果はベスト8。最低でもベスト8と思っていたので、まあ、予想通りの成績でしたね」③

それもそのはず。手首は何とか持ったが、肩を痛めてしまったのだ。シングルスは負けても自分だけの責任で済むが、ダブルスはそうはいかない。大先輩の齋田に迷惑をかけるわけにはいかなかった。

齋田は、この大会でシングルもダブルスも金メダルを目指していた。しかし、シングルスは準々決勝で世界ランキング1位のオランダ人選手、ロビン・アマラーンに敗れた。齋田が先にマッチポイントを取りながら、ひっくり返されてしまった。であればその悔しさをダブルスにぶつけ、金メダルを獲るしかない。

満身創痍のダブルスで達成した日本テニス界初の快挙

とはいえ、パートナーの国枝は手首に不安を抱え、肩を痛めるという文字通りの満身創痍。肩に痛み止めの注射を打っての戦いだった。ダブルスの準決勝は、齋田がシングルスで敗れたデビッド・ホールがいるオーストラリア。気合いを入れるために国枝も齋田も、試合前に頭をバリカンで丸刈りにした。

日本代表監督の丸山がこのパラリンピックで試したダブルスの戦術は、前衛・後衛の陣形をとるというものだった。それまで、車いすテニスでは二人とも後衛に下がってボールを拾いまくるというのが常識だった。その常識を覆す戦法だ。丸山は言う。

「健常者のテニスを車いすでも行う。その自分のテーマを齋田と国枝ならできると思ってやらせました。齋田ががっちり後ろを守る。齋田はストロークをミスしませんからね。こうして慎吾を前に出させてかき回す。これまで車いすのダブルスでは誰もやらなかった前衛後衛の陣形で挑みました」

緊迫したゲームが始まった。ファーストセットこそ4－6で取られたが、セカンドセットは6－4で取り返した。国枝はプレッシャーで何度もトイレで吐いた。

そのたびに齋田に励まされた。

「いつも通りのプレーをすればいい。それで勝てる」④

第3セットはどちらも譲らず、タイブレークでマッチポイントを相手に握られた。

監督の丸山は血圧が上がり、頭の血管が切れそうだった。長いラリーが続いたが何とかポイントを奪い、絶体絶命の窮地をしのぎきると、逆に日本がマッチポイントを握り、ついに勝つことができた。勝った瞬間、国枝は声を上げて泣いた。齋田はほっと胸を撫で下ろした。丸山は放心状態でベンチに座り込んだ。

決勝はフランスのペアだったが、齋田・国枝組が6－1、6－2と圧勝して優勝をつかんだ。

日本テニス界初の、オリンピック・パラリンピックでの金メダルだった。健常者のテニスでは、1920年のアントワープ五輪で熊谷一弥が準優勝しているが、日本代表が過去に獲得したのはその銀メダル1個だけ。そんな日本のテニス界にあって、車いすテニスが金メダルを獲得したのだ。

安定した仕事をなげうってまで、「車いすテニス人生」に賭けた齋田の執念が実ったパラリンピックだった。表彰式後の撮影では、笑顔の齋田が左手で、目を細める国枝が右手で金メダルを掲げる。齋田32歳、国枝20歳。年の離れた兄と弟のようなペアが頭にオリーブ冠を被り、大きく笑った。

丸山は、その光景を見て「死んでもいい」と思った。生まれて初めて味わった達成感。あまりにうれしいときは、涙も出ないことを知った。

第5章 世界一のテニス選手へ

「鏡の前で慎吾が素振りを開始して、私が2時間レッスンをして、戻ってくるとまだ素振りをしているんです。私の顔を見て、『コーチ、もう1000回超えてます』と言う。なんてヤツだと思いました」

丸山弘道

引退を撤回、さらなる高みを目指して

アテネパラで金メダルを獲ったことで、国枝はテニスを続けていきたいと思った。辞めるのは惜しいと思ったのだ。帰国後、わずか4日後に丸山に電話して、その意思をはっきりと伝えた。

その日のうちに、4年後の北京パラリンピックに向けた練習が開始された。

それとともに、卒業後の進路を考えた。就職相談に行った折り、大学で雇ってくれ

ないかと相談した。金メダリストは大学にとって有益な人材である。

麗澤大学への就職が決まり、迷いがなくなった。

丸山に落ち着き先を告げると、ネックになっていたフォアハンドを改造することになった。手首の痛みの原因であり、擦り上げるだけでパワーのない打ち方を変えるのだ。国枝は、丸山にこう告げた。

「ウイニングショットを決められるフォアハンドを持ちたい」

握り方を変えて強烈なフラットドライブを目指した。擦るだけでなく押すトップスピンだ。グリップを、セミウェスタンと呼ばれるものに変更した。初日は、返球がすべてノーバウンドで後方の柵まで飛んでいくホームランになった。どうしてもラケットの面が上向きになってしまうのだ。このまま一球も入らなければ、メンタルがやられてしまうと丸山は思った。

「慎吾、このまま続けるか？　どうする？」

国枝はまったく動じていなかった。丸山の記憶では、国枝はこういった。

「世界ナンバーワンになるためには、まずは世界7位以内に入ること。それにはフォアハンドの威力を上げろと言ったのはコーチじゃないですか？」

当時の車いすのグランドスラム大会は32人で争われた。健常者テニスと同じ舞台となったとき、8人に絞られたが2022年から12人に拡大されている。8ドロー（8

フラットドライブ　フラット気味に振ることでボールに強い推進力を与えつつ、トップスピンをかける打法。

人での組み合わせ）の場合、世界ランク上位7人には、自動的に出場権がある。だからツアーでポイントを上げ、7位以内に入ることが重要だった。そうすればオリンピックでもシード選手となるので、金メダルが近づく。だからこそ弱点は矯正して、長所にまで高めなければならない。

「コーチ、もう1000回超えてます」

丸山によれば、国枝の頭の中には新しいフォアハンドで勝てるイメージがすでにあったという。

　そこで課したのが前述した、ひとつのテクニックをマスターするために3万球を打つ必要があるという「3万球理論」である。実際に球数を数えた。5000球を超え、1万球、2万球を突破していった。徐々にパワフルな球が打てるようになったが、安定性がまだまだだった。そこで、丸山は国枝に、鏡の前で毎日1000回の素振りを課した。

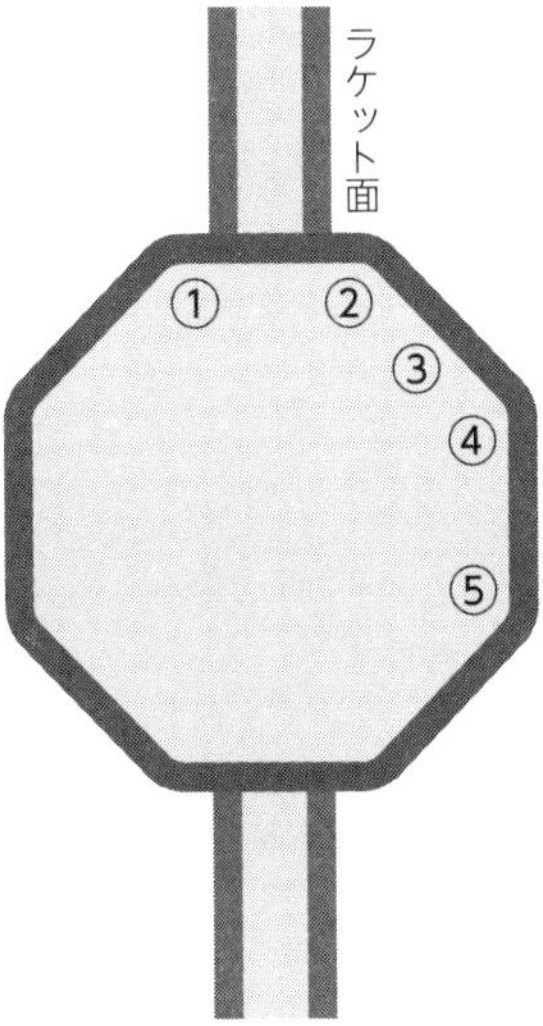

テニスのグリップ

グリップとはラケットの握り方で、ボレーやスライスなど各種のストロークは正確なラケット面でボールを打つ必要があり、それはグリップで決まる。ドライブをかけやすいウェスタングリップや、フォアハンドで低いボールの処理がしやすいセミウェスタンなどグリップによってメリット、デメリットがある（①～⑤は親指と人差し指のつけ根の位置）。

①コンチネンタル
②イースタン
③セミウェスタン
④ウェスタン
⑤フルウェスタン

1000回は凄く時間がかかる。体力もかなり消耗する。丸山は100回続けられればいいと思い、あえて1000回と言ったのだが、国枝は本気に受け取った。丸山は言う。

「鏡の前で慎吾が素振りを開始して、私が2時間レッスンをして、戻ってくるとまだ素振りをしているんです。私の顔を見て、『コーチ、もう1000回超えてます』と言う。なんてヤツだと思いました」

普通の人ならやらないようなことを、愚直にできるのは一種の天才である。世界一になるアスリートはすべて皆同じ才能を持っている。

こうして半年が過ぎ、国枝はフォ

アハンドのウイニングショットを手に入れた。丸山が解説する。

「フォアハンドに自信が持てれば、バックハンド側に来た相手ボールをフォアに回り込んで逆クロスで打つことができる。相手はバックハンド側にバウンドの高い球が来るので、いすに座って打つ車いすテニスでは返球が難しくなります。この戦法は、すでにフランスのミカエル・ジェレミアスが行っていたのです」

フォアハンド一本でもパワフルならば、かなりの武器になるというわけだ。

新技術習得の秘訣は「練習ノート」と「3万球」

しかし、世界一になるためにはそれだけでは足りない。フォアだけでなくバックハンドも武器にしなければならない。

フォアハンドがおおよそできあがってきたとき、次の段階となるバックハンドの練習に移った。国枝のバックハンドは、その頃の車いすテニスで全盛のスライスショット（3章コラム参照）だった。健常者のテニスも昔はバックハンドがスライスは当たり前だったが、両手打ちが出てからはバックハンドもフォアハンド同様に強烈なトップスピンを放つようになった。その最初が、ウインブルドンを5連覇したスウエーデンのビヨン・ボルグである。しかしその後、チェコのイワン・レンドルが片手で強烈なトップスピンを放つようになり、バックハンドのウイニングショットはトップスピン

ビヨン・ボルグ（1956〜）　スウェーデン出身の元男子プロテニス選手。1970年代を中心に活躍し、ウインブルドン5連覇、全仏4連覇を成し遂げた。

イワン・レンドル（1960〜）　旧チェコスロバキア共和国出身の元男子プロテニス選手。4大大会ではウインブルドンを除く3大会で複数回優勝。世界ランキング1位通算在位記録270週は当時歴代1位。

が決定版となった。

丸山は車いすテニスでもそれをできるようにしたいと考えた。丸山は言う。

「車いすテニスでは、車いす操作があるので両手打ちは無理です。片手打ちもグリップチェンジ（握り方を変えること）があるので難しい。しかし、フォアハンドと同じ面を使えばできないことはない。そもそも国枝もやり始めは同じ面を使ってのトップスピンだった。ただ擦り上げるトップスピンではなく、強烈なトップスピンをダウンザラインに放つ。これができれば、ミカエル・ジェレミアスに強烈なフォアをバックサイドに打たれても、バックハンドトップスピンでエースを奪うことができる」

当時の車いすテニスなら、絶対的な武器になると予想できた。

国枝はまたしても、バックハンドトップスピンをマスターするために「3万球理論」を実践した。その日に打った球数だけでなく、国枝が毎日欠かさず書き込んだ「練習ノート」は、技術の習得に大きな意味をもつものだった。その日にどんな練習をしたか、そこで得たこと、また得なければいけないことなどをノートに毎日書いていく。練習前にはそれを読み返し、その日の練習目的を明確にするためだった。

バックハンドトップスピンをマスターするために、球打ちだけでは足りないと、鏡の前での素振りもフォアと同様行った。とはいえ、フォアで胸の筋肉を痛めてからは一日500回に減らした。体を痛めないように注意しながら素振りを行った。

さらにはこの年、丸一年かけてサーブも改善した。丸山は言う。

「あれだけ言っていた課題のサーブを強化しました。ただ入れておけばいい、後は拾いまくるといったテニスでは、世界一にはなれません。フラットサーブをパワフルなものに鍛え上げ、スライスサーブやキックサーブもマスターする。サーブから攻撃的なテニスを展開する。こうした新しい国枝のテニスをつくり上げようと思いました」

このころの練習について、国枝もテニス雑誌でこう記している。

「また新しいテニスができるんじゃないかという期待がすごくあったので、練習はやっていて楽しかったですね。今もそうですが、新しいことにチャレンジすると、すごく楽しさを感じるんです。1時間でも2時間でも無我夢中でやっていました」①

サーブの種類　(フラットサーブ、スライスサーブ、キックサーブ)　フラットサーブはボールにスピンをかけず、まっすぐに打ち込む。一方、ボールに反時計回りの横回転をかけ、バウンド後に左へ低くはねるものがスライスサーブ。ボールに時計回りの横回転をかけ、バウンド後に利き手側へ高くはねる(キックする)のがキックサーブ。

「北京で国枝は金メダルが獲れるか?」

こうして1年が過ぎた夏、丸山は国枝が世界一になるという手応えを徐々につかみかけていた。そんなある日、TTCの吉田宗弘理事長から「北京で国枝は金メダルが獲れるか」と聞かれた。丸山は、その日のことをよく覚えている。

「私は『獲れます』と答えました。そう言わざるをえない雰囲気でした。後で考えると大変なことを言ってしまったと思いましたが、理事長からは『だったらさらにコミットして、車いすテニスに集中したほうがいい』と言われました。こうして私は日本で初めての車いすテニス専門のコーチとなり、北京にまで行くことになったのです」

国枝を北京パラリンピックで金メダリストにするため、ＴＴＣは丸山を含むさまざまなスタッフが総力を挙げてバックアップすることになった。試合相手の詳細なデータを集め、ツアーでの試合を分析し、それをビジュアル部門が解析する。国枝の実際の印象や課題、丸山の解説を加えてレポートにしていった。その一員として尽力したのが現ＴＴＣ広報の加藤である。

「ＤＶＤプレーヤーを購入してもらい、バレーボールのプログラムをテニスに応用しました。相手選手の映像を見ながら、サーブやショットを分析してデータ化し、丸山コーチに渡したので、それを基に国枝選手に指示が出ていたと思います。ハイスピードカメラも購入し、国枝選手のサーブを改良するために、トロフィーポーズを齋田選手と重ね合わせて比較したりしました。齋田選手のサーブは強烈でしたから。こうしたことも国枝選手が強くなっていった要因の一つだと思います」

こうして国枝はテニスのレベルを上げ、優勝こそできなかったものの、２００５年10月のＵＳＴＡ全米車いす選手権でシドニーパラのシングルス金メダリスト、デビッド・ホールに初めて勝つことができた。新たな自分を作る練習が、間違ってはいないことに自信を深めたのである。

トロフィーポーズ　サーブの際にボールをトスし、ラケットを構える姿勢。テニスの優勝トロフィーにこの姿が多いため、こう呼ばれるようになった。

どうすれば選手は自分のプレーに自信が持てるか

スポーツは「心・技・体」といわれる。国枝を世界一にするため、「技」はコーチの丸山弘道、「体」はフィットネストレーナーのホルスト・ギュンツェル。そして「心」は、２００６年から新たにオーストラリア人のメンタルトレーナー、アン・クインが担当することになった。

選手を強くするにはまずコーチのレベルアップが必要と、ＴＴＣでは開業前の１９８８年から講師を招き、毎年スポーツ科学セミナーを実施していた。世界のテニスを席巻する国々から広く専門家を招聘し、ＴＴＣ所属のコーチらは世界最先端の科学的な指導法を学んでいった。

例えばドイツのリチャード・ショーンボーンは、シュテフィ・グラフやボリス・ベッカーなどウインブルドン・チャンピオンを生み出したトレーニング法を紹介し、その後も吉田理事長・和子夫妻と懇意であることから、ＴＴＣの選手強化プログラム構築などに多大なサポートを行っている。

そうしたことを経て、２００５年の講師にメンタルとフィットネス、栄養学が専門のアン・クインが招かれた。講演のテーマは「成功のための準備」。どうすれば選手たちが自分のプレーに自信を持てるか、前向きでいられるかなど、コーチとしての心構えなどを話した。その中で、選手をどう前向きにさせるかについて、クインは次のよ

シュテフィ・グラフ（１９６９〜）旧西ドイツ出身の元女子プロテニス選手。４大大会での22勝は女子歴代３位、世界ランキング1位通算在位記録３７７週は男女で歴代最長。１９８８年に史上初の年間ゴールデンスラム（グランドスラム達成と五輪での優勝）を成し遂げた。

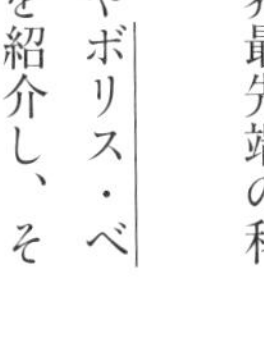

ボリス・ベッカー（１９６７〜）旧西ドイツ出身の元男子プロテニス選手。ウインブルドンで史上最年少（17歳7か月）での初優勝後、４大大会で6勝。シュテフィ・グラフとともにドイツテニス界の黄金時代を築いた。

うに語っている。

「勝者は常にポジティブな考えを持ち、自分はできると知っていますしまた自信も持っているのに対し、たいていの弱者は、これは無理でできない、負けたのは風のせい、ガットが切れてしまったからなどと自分以外のものに責任を押しつけがちです。どうすればよいかということですが、日頃から自分の思考に耳を傾け、努力してネガティブな思考をポジティブなものに変えていく必要があります。（中略）一日に平均6万から7万の思考がよぎるなかで、すべてを受け入れてしまうのですから十分に気をつけるべきです」②

選手が勝つために、メンタル強化がいかに重要であるかを学んだコーチも多かったはずだ。そして、その講義は国枝も聴いていた。自信の持ち方を学んだのだ。

「1番になりたいではなく、1番だと思え」――「オレは最強だ！」の誕生

2006年が明け、国枝は全豪オープンに出場した。そのときに吉田理事長のはからいでメンタルトレーナーのアン・クインがメルボルンの会場を訪れた。国枝がそのときのことを回想している。

「トレーニングのテーマはすごくシンプルで、〝どうしたら自信を持てるか〟でした。僕がクインさんに『今は世界ランク10位だけど、ナンバーワンになれるでしょうか』

と尋ねたんです。すると彼女は『あなたはどうしたいの』と質問してきました。もちろん僕は『なりたいです』と答えます。『だったら、これからは〈なりたい〉じゃなくて〈俺が世界のナンバーワンなんだ〉と言い切るトレーニングをしなさい』と、そう言われたんです」③

願望ではなく、断言する。まだ達成していない「願望」を「達成した」と言い切るのだ。そしてクインと考えたその一言が、後々まで国枝を支え、世界一を実現してしまった「オレは最強だ！」である。

国枝は言われるままにやった。鏡の前でも風呂場でも、トイレ、レストラン、テニスコートなど、オンオフの区別なく、どこででも叫んだ。ラケットにもシールにして貼り付けた。その効果を国枝本人がのちに話している。

「最初は大して信じていなかったんですけど、次第にその効果を実感するようになって。それまでは試合中に弱気になることが多かったけど、ラケットに貼られたフレーズを見ているといつの間にか自分が最強だと思えるようになっていたんです。繰り返し口に出すことで頭の構造が変わっていったんでしょう」④

自信を持つことの大切さ——ついに世界ランク1位へ

こうして5月のジャパンオープンを迎えた。国枝は4月に麗澤大学に就職しており、私学経営の要である企画経営戦略室の配属となっていた。落ち着き場所も決まり、腰を据えて戦いに挑むことができた。ジャパンオープンは当時のグランドスラムの一つで、世界の強豪が集まるため、日本で最も注目される大会である。心技体を磨いてきた国枝にとって、腕試しとして最高の舞台であった。

1回戦から難なく勝ち上がり、準々決勝の相手はフォアの強打で鳴らす、当時世界ナンバーワンのミカエル・ジェレミアス。6－2、6－1で簡単に退けると、決勝は昨年からほとんど勝てなかった大先輩の齋田悟司が対戦相手だった。国枝はその齋田をも6－0、6－2で圧倒し、この大会で初優勝を成し遂げた。決勝を含めファイナルセットになることは一度もなく、すべての試合で、とられてもワンセットで2ゲーム以内という最強ぶりだった。

このときのことを、国枝は講演でこう振り返っている。

「ジャパンオープンの頃には、メンタル面でブレることはすっかりなくなっていました。試合に勝ってガッツポーズをしながら、メンタルトレーニングの重要性をひしひしと感じましたね」⑤

10月には当時のグランドスラム大会の一つ、USTA全米車いす選手権に挑んだ。2回戦でフランスの強豪ステファン・ウデを破り、準決勝では同じくフランスのミカエル・ジェレミアスを撃破する。決勝ではアテネオリンピックの覇者、オランダのロビン・アマラーンと対戦。02年の初対戦以来、これまでほとんど勝ったことがない相手だったが、勝利をものにすることができた。

この優勝で、念願だった世界ランキング1位に立ったのだった。

第6章

「王者」の歴史的快挙と北京パラリンピックへの挑戦

「齋田さんとのダブルスはこれが最後だと思ってやっていました。なんとかメダルを獲らせてあげたい。その力になれるのなら、自分の身を削ってでもと」

国枝慎吾

車いすテニス史上初の年間グランドスラムを達成

強烈なフォアハンドドライブとバックハンドトップスピン、サーブも上達したうえに、体力も強化され、さらにメンタルも強靱さを備えてきた。2006年の秋に世界1位に立つや、国枝にとって次に狙うはグランドスラム大会となった。

年が変わると、すぐに当時の最初のグランドスラム大会、全豪オープンが始まった。決勝戦はミカエル・ジェレミアス。過去の対戦成績は3勝6敗。しかし前年だけを見れば3勝2敗と勝ち越している。第1セットを先取したものの、第2セットはジェレミアスのバックハンドが予想を超える出来でセットオール。第3セットは一進一退だったが、タイブレイクでミカエルの集中力が落ちたと国枝は確信したという。勢いに乗って攻め、全豪初優勝を遂げた。

「これ以上ない、最高の気分。内容がきつかったので、勝った喜びはハンパじゃないです」①
この勝利で世界ランクナンバーワンに返り咲いた。

続くグランドスラムは5月のジャパンオープン。この大会は危なげなく勝ち進み、年上のライバルであるステファン・ウデが決勝の相手となったが、この試合もストレートで下した。

この年から全仏オープンに車いすテニスが正式に創設され、国枝は決勝でロビン・アマラーンをストレートで破って優勝した。

ノッティンガムで開催される7月の全英オープン（ブリティッシュオープン）の決勝は、この大会の前年チャンピオンであるロビン・アマラーン。長身から繰り出されるサーブやパワフルなフォアハンドに苦しみながらもセカンドセットをタイブレイクの末に競り勝ち、ストレート勝ちを収めた。大会の5試合すべてストレート勝ち。この優勝でキャリア（生涯）グランドスラムが達成された。しかも次のUSオープンを獲れば、史上初の年間グランドスラムとなる。

当時、USTA全米車いす選手権はUSオープンと呼ばれていた。国枝は9月までの約1か月半を、テニス専門誌で次のように振り返っている。

「狙ったのは、ブリティッシュオープンで優勝し、王手がかかってからですね。『2度とないチャンスかもしれない。獲りたいな』と。だからUSオープンまでの2か月間はそのことばかり考えていました。試合中よりオフの方が緊張し、食べるものにも気を使うし、寝る前は『明日の体調は大丈夫かな』とか考えて、疲れましたね。（中略）現にアテネはたいへんな重圧でしたから。久しぶりにそれと同じくらいの緊張感を持てたことは、すごくよかったと思います」②

USオープンはサンディエゴで行われた。決勝までの5試合を国枝は圧勝しながら勝ち上がった。すべてのショットが決まり、メンタルも自信がみなぎった。決勝戦は前年と同じロビン・アマラーンだった。そのアマラーンをテニスの世界で俗にいわれる「串刺し」、つまり6−1、6−1で圧倒したのである。

こうして国枝は車いすテニス界で世界初の年間グランドスラムを達成した。ちなみに健常者男子シングルスの年間グランドスラム達成者は、過去にドン・バッジ（1938年）とロッド・レーバー（62・69年の2回達成）の2人だけだ。さらに国枝はこの年、正式開催となったフレンチオープン（まだグランドスラムには昇格していなかった）で、地元フランスで絶大な人気を誇るウデに、フルセットの激戦の末に勝利し優勝している。つまり、国枝はこの年の5大大会すべてを制したグランドスラマーとなったのである。

天才フェデラーが予言していた国枝の快挙

アン・クインは「緊張するのは戦闘態勢に入ったとてもいい状態だ」と国枝に諭したことがある。緊張は戦うために必要な要素、つまり「緊張しないように」と考えるのではなく、緊張を味方につけようと考える。そうすれば実力を発揮できるというわけだ。

国枝の年間グランドスラム達成については、テニス界の世界王者、ロジャー・フェデラーが予言していた。この2007年、フェデラーはウインブルドンで5連覇を果たしたあと、全米オープンでも4連覇を成し遂げ、自身2度目となる4大大会3冠を果たしていた。全仏オープンさえ取れればキャリア・グランドスラム達成となり、年間グランドスラムの実現もぐっと近くなる。国枝が年間グランドスラムに挑もうとするUSオープンの直前、フェデラーと日本人記者との間で交わされた有名なエピソードがある。

「なぜ日本のテニス界から世界的な選手が出現しないのでしょう?」

日本人記者からの問いにフェデラーは答えた。

「何を言うんだ。日本にはシンゴ・クニエダがいるじゃないか？」③

フェデラーは車いすテニスをしっかりと見ていたし、国枝の凄さを肌で感じていたのだ。年間グランドスラムについても、自分より国枝のほうが早く獲得するだろうとも語った。

フェデラーの予想はすぐに的中した。天才は天才を知る。日本のテニス界には天才、国枝慎吾がいるのだ。

この年、国枝は自分の能力を上げるために健常者のテニス大会にも出場した。ジャパンオープン予選である。そこでは奇しくもＴＴＣジュニアヒッティングコーチの小板橋理と当たった。「勝つことよりも、いかに素早くワンバウンドで返球するか」が国枝のテーマだったが、彼ほどの選手でも返球の３割はツーバウンドになる車いすテニス。何とかして健常者を倒したいと燃えに燃えたが、敗れ去った。

車いすテニスをいかに健常者テニスに近づけるか。そのための課題がここではっきりとわかった。もっとライジングとボレーの比率を高めなければいけないのだ。丸山と歩んだ国枝の進化は遠くを見据えていた。

とにかくこの年、努力が実って国枝は初の年間世界ランキングナンバーワンとなった。また国際テニス連盟による２００７年のＩＴＦ世界チャンピオンに選出されたのも、日本初・アジア初の快挙だった。

いざ、北京パラリンピックへ

こうして北京パラリンピックの2008年が幕を開けた。アテネパラでダブルス金メダルを獲得した後、フォアもバックも3万球を打ち、毎日1000回の素振りを行ったのも、すべてはこの北京パラのためだった。

国枝の急激な進化は北京パラの前年に早くも実り、年間グランドスラム、年間世界ランキング1位の獲得につながった。だからといって、北京パラで金メダルが獲れなければ、目標達成には至らない。

年明け1月の全豪オープンは、決勝でミカエル・ジェレミアスが対戦相手だった。前年に勝った相手だが、ガッツ剥き出しで国枝に襲いかかってくる。ブレイク合戦では「負けパターンだった」と国枝は言うが、これまで打ち切れなかったバックハンドのダウンザラインを決め、粘る相手を振り切った。

コーチの丸山が言う。

「これまでの練習の成果が実ったのか、国枝選手のテニスに凄みが増してきました。唸りを上げるトップスピン。フォアハンドはライジング気味に打ち、早めの展開でダウンザラインへ放つ。怒濤《どとう》の攻撃になった」

3月末にアメリカで開催されたペンサコーラオープンと翌週のマイアミオープンでは、ともに決勝でロビン・アマラーンを破って優勝した。

5月のジャパンオープンも、決勝の相手は同じくアマラーンだった。前年から彼には一度も負けていない。ここでも6－0、6－4と圧倒して優勝した。これで、2年前の全米オープンからグランドスラム大会7連勝となった。

さらに全仏オープンも制し、続く全英オープンもアマラーンを退けて優勝。どの大会もすべての試合を2セットで終えている。これでグランドスラム大会8連勝を記録。当時、パラリンピックの年はグランドスラム大会の一つである全米オープン（全米車いすテニス選手権）が開催されなかったため、年間グランドスラマーにはなれなかったが、もしあれば2年連続という驚愕《きょうがく》の快挙になっただろう。

この年は年頭からそこに自分のピークを持っていくと宣言していた国枝。全豪オープンから1試合1試合、気を引き締めながら勝ってきた。その結果、北京パラリンピックまで負けなし。ただの1試合も落としていなかった。ついに「俺は最強だ！」は口に出すだけでなく、完全に自分のものとなった。まさに無敵の強さを持って北京に乗り込んだのだ。

偉大なる先輩への恩返し——齋田・国枝ペアの戦い

北京パラリンピックは9月6日に開幕、車いすテニスも6日から始まった。国枝は日本代表の一員として1週間前から現地入りした。監督の丸山は1年前に会場の下見をしており、選手たちにセンターコートの写真などを見せていた。会場のすべてを知っておけば、選手に安心感を与えることができると考えてのことだ。

TTCの吉田理事長に「金メダルを獲れる」と言い切った手前、準備を怠ることはできない。選手のストレスを最小限に抑える雰囲気をつくり、準備万端で選手たちをコートに送り出すことができた。今は亡きTTCの名トレーナー、安見拓也もチームを支えていた。

シングルスでは国枝も齋田も、1回戦から順当に勝ち上がった。その頃、国枝旋風で陰に隠れたかたちだったとはいえ、36歳の齋田も脂が乗りきり強力だった。3回戦では緒戦の硬さが取れ、2人とも素晴らしいプレーを見せた。ところが準々決勝で、齋田は苦手としているロビン・アマラーンに敗れてしまう。しかも一方のダブルスで、順当に勝ち上がっていた齋田・国枝ペアが準決勝でスウェーデンのペアに敗退してしまったのだ。

その準決勝は、第1セットをタイブレイクの末に取れなかったのが痛かった。第2セットは取り返したものの、ファイナルセットを大事に行って、流れを相手に渡してしまった。「勝ちたい」が「負けたくない」に変わってしまい、守りの意識がどこかで働いたのかもしれない。6－7、6－3、2－6。国枝は自分のダブルフォルトでゲームセットとなっただけに、記者会見には懸命に現れたものの、終わるやいなや「わあ！」と叫び声を発して姿を消した。

翌日にダブルスの3位決定戦があった。国枝は翌々日にシングルスの決勝を控えていた。大事な試合だが、自分を引き上げてくれた齋田に、ダブルスでせめて銅メダルをプレゼントしたかった。

しかし試合が始まるや、齋田・国枝ペアはオランダペアに対し、前日の敗戦を引きずるかのように、第1セットを3－6で落としてしまう。ところが第2セットで気持ちを入れ替えたのか、二人はミスをしても笑顔で励まし合った。このコンビの武器である「かき回し」がよみがえり、齋田はリラックスしてきてサービスエース、ウィニングショットを連発した。このセットを6－0で取り返すや、第3セットもその勢いは衰えず、6－2で銅メダルを獲得した。勝負が決した瞬間、二人は抱き合った。

試合後、国枝はこうコメントしている。

「齋田さんとのダブルスはこれが最後だと思ってやっていました。なんとかメダルを獲らせてあげたい。その力になれるのなら、自分の身を削ってでもと思っていました」④
いよいよ翌日は大一番、シングルスの決勝戦である。

大舞台こそ、リラックスと笑顔を

北京オリンピックの車いすテニス男子決勝戦は、9月15日夜に開始した。オリンピックグリーンセンターには日本人もたくさん詰めかけた。国枝の最後の相手は、準々決勝で齋田を下した強敵、オランダのロビン・アマラーン。アテネに続くパラリンピック2連覇を目論んでいた。国枝との過去の対戦成績は12勝11敗だが、2007年7月の大会以来、国枝が連戦連勝していた。

前年からの成績から必ず勝てるとマスコミが書き立て、誰もがそう思っていた。並々ならない重圧が国枝を襲っていた。

実は体調に不安を抱えていたのだ。北京パラリンピック直前にあった仙台での合宿でも、体調を崩して途中で切り上げていた。本人も、「焦りと不安でいっぱいだった」と、このときの心境をのちに語っている。

周囲の雑音が気になり、イライラが募る。気候やコートサーフェスの違いが気になり、ラケットに張られたガットのテンションなど、細かいことに迷いが生じる。要するに非常に神経質になるのだ。かつて国枝がこうした状況に陥ったときに、メンタルトレーナーのアン・クインは次のようにアドバイスしたという。

「周りの雑音が気になるのは、五感が研ぎ澄まされている証拠。緊張するのは、戦闘態勢に入ったとてもいい状態だと思いなさい」⑤

ラケットには「俺は最強だ!」とともに、Relaxation & Smile（緊張を解くことと笑顔）とシールに書いて貼り付けた。大きな大会こそ、リラックスして普段通り、笑顔を忘れないという意味だ。

こうして試合が始まった。国枝はラケットのシールを見ながらプレーした。肩を始終ゆったり揺すり、微笑んだ。余裕すらうかがえる国枝の表情。アマラーンはそうした国枝を見て怖れをなした。緊張して硬くなった。

第1セットは3ゲーム取られた後の第9ゲームが鍵となった。アマラーンが国枝のバックサイドのコーナーを狙ってショットを放ち、ネットに出る。国枝はそれを待っていたかのように、練習してきたバックハンドトップスピンで、ダウンザラインにパッシングショットを放つ。クロスをケアしていたアマラーンは呆然《ぼうぜん》と見送るだけだった。このときの狙いについて、本人がのちに語っている。

「ボレーに出てきた時にはアマラーンはクロスをケアする、という分析データがあったから、迷わず打ちにいきました」⑥

これまでの車いすテニスの常識では、バックハンドはスライス。ダウンザラインはミスする可能性が高いのでクロスに打つのがほとんどだった。丸山の特訓で磨いてきたバックハンドトップスピンのダウンザラインショットが、相手の意表をついた。第2セットは6－0。アマラーンは何もできずに降参、白旗を揚げた。

アマラーンがダブルフォルトを犯してゲームが終わった瞬間、国枝はラケットを放り投げ、天を仰いで叫び、喜びを爆発させた。

パッシングショット　ネットに出てきた相手の両サイドへ、素通り（パス）するように打ち込むこと。

ダブルフォルト　サーブが2度失敗すること。自動的にポイントを失う。

試合後、ドーピング検査を終えて出てくるところをコーチの丸山が待ち構えた。思い切り駆け寄る二人。

「ありがとう」「ありがとうございます」

抱き合って泣いた。そこには誰もおらず、二人だけだった。

第7章 車いすのプロテニスプレーヤー誕生

「車椅子テニスでも大観衆の中で試合ができ、お金が稼げて、プロとして自立できる。自分が車椅子テニスの成功モデルになって子どもたちにプロとしての可能性を示していければいい」

国枝慎吾

王者から「絶対王者」へ

24歳にして、車いすテニスプレーヤーとして最大の目標であったパラリンピックのシングルス金メダルを獲得した国枝は、帰国して1か月半の完全休養をとった。すでに年間グランドスラムを獲得し、2007年秋から負けなしで世界一の座を保持していた。目標を失ってもおかしくない。

実際、06年に世界一となった後、国枝にやる気が起きなくなったことがある。「対戦相手にどう勝つか?」に焦点を絞って闘志をかき立てていたが、誰の背中も見えなくなった。そのときの状況を雑誌のインタビューで次のように回想している。

「3カ月ほど『なぜテニスを続けているのか』『目標をすべて成し遂げたのではないか』と悩み続けました」①

子どもの頃からテニスを始め、猛練習を積んで世界一に立ったとき、バーンアウト現象が起きると言われてきた。いわゆる「燃え尽き症候群」だ。古くはトレーシー・オースチンやアンドレア・イエーガーなどがそうだった。突然、闘争心が消え失せてしまうのだ。国枝もそれに似た状態になっていたのかもしれない。だが、次のようにマインドを切り替え、そこから脱出することができたとそのインタビューで明かした。

「そんな状態で〝とりあえず〟コートに立ち続ければ、ミスしたり負けたりしますから。『自分は世界一だが、未熟な部分がたくさんある』と気づきました。この時、『完璧なプレーを目指して勝ち続けよう』と心に決めたんです。テニスに臨むモチベーションが〝対相手〟から〝対自分〟に変わった瞬間でした。（中略）〝自分に挑戦〟してみると、冷静に結果を見つめることができ、次の課題に取り組めます。すると、気持ちの浮き沈みの波が少なくなりました」②

それだけに、北京オリンピックでテニス人生最大の目標を達成してもスランプは訪れなかった。しっかり休養すれば、フレッシュな気持ちでコートに立てるという自信があった。

「燃え尽き症候群」　アメリカ出身の女子プロテニス選手、トレーシー・オースチンは15歳でプロ入りし、1979年と81年に全米オープンシングルスで優勝するが、その後体の故障などから21歳で競技生活が満足にできなくなった。同じく14歳の若さでプロ入りしたアメリカの女子選手アンドレア・イエーガーも全仏ダブルスで史上最年少での優勝を果たすが、19歳で肩を故障し短い選手生命を終えている。

2020東京五輪で2連覇を成し遂げた柔道の大野将平も同様のことを言っていた。前回のリオ五輪で金メダルを獲った後に、目標を見失いかけ、「柔道が嫌い」になったという大野は、「自分を倒す稽古」に切り替えたという。
「毎日の稽古で負ける姿をイメージしてそれを防ぐ稽古をし続け、あらゆるものを想定内にできたからこその、金メダル獲得だったと思っています」③
国枝もまったく同じだ。王者が絶対王者になるための思考。それがあった。練習を再開した国枝はコーチの丸山と話し合い、さらに自分を進化させることにする。

飽くなき向上心――ストロークを改造、強靭な体幹づくり

まず始めたのがフォアハンドを改良することだった。アテネパラのあとに単に擦り上げるトップスピンから押しを加えるドライブに改良したフォアハンドだったが、まだまだパワーやコントロールにおいて満足していなかった。ビデオで自分のストロークを解析、問題点を見つけて直していく。課題は軸をぶらさずに体を使って打つこと。厚くコンタクトし、腕だけに頼らずにパワーを最大限にボールに伝える。北京パラから1年後のインタビューでこう語っていた。

「フォアハンドは僕にとって一生の課題なのかなって。北京でもフォアの調子がそのゲームを左右していた部分がある（中略）練習の時に、水の入ったバケツを頭の上に

乗せているイメージで、その水がこぼれないように動く。つまり、カラダの軸がぶれないように、無駄な上下動がないように」④

年末までフォアハンドだけを集中的にやった。かつて丸山の指示で鏡の前で毎日1000回の素振りをこなした愚直さと同様、ここでもこつこつと基礎練習を行った。

軸がぶれることなく打つためには強靱な体幹が必要だ。特に車いすテニスの場合、脚力を使えないのだから、がっちりとした上半身が求められる。体幹とは肋骨のない腹回りを、筋肉によって支える体の幹を作ることである。このため国枝は一層のフィジカルトレーニングを自分に課した。

戦術のレベルアップも行う。これこそ自分を敵として戦う仮想ゲームだ。国枝本人が雑誌のインタビューでこう話している。

「自分の中で、もし自分と対戦するならどんな作戦を練るだろうって考えたりします。正直、スキはないかな（笑）。でも、やっぱりサーブとリターンで攻めていくことは必要だろう、と」⑤

こうして平日は朝と夜の練習。週末は午前と午後で7時間の練習。コートでは球打ちを3時間、インターバル練習を2時間、フィットネスは1時間半も行った。

元全日本テニス選手権王者でウインブルドンの解説でもお馴染みだった、日本テニス協会専務理事の福井烈は、TTCに行くたびに国枝のひたむきな練習を目撃したという。

「一般のテニスのフットワークに当たるチェアワークを一生懸命されていました。ラケットを持たず、ひたすら車いすを動かすハードなトレーニング。生まれながらに俊敏だったそうですが、その長所をさらに磨いていったわけで、本当に頭が下がります。彼の強靱な精神力はそうした基礎練習を鍛え上げていった結果なのかもしれません」

基礎トレーニングによって一段と逞しくなった国枝は、２００８年を40勝０敗で終えた。無敗の王者として09年を迎えたのだ。

さらなる冒険——車いすテニス界初のプロ転向へ

２００９年、年明けのビッグトーナメントはこれまでと同様、グランドスラム大会の全豪オープン。この年からグレードがスーパーシリーズから正式に格上げされ、グランドスラム入りした。すでに全米オープンはグランドスラム大会に格上げされていたが、それにフレンチオープンが加わり、これら3大大会は健常者テニスと車いすテニスが同じ会場でグランドスラム大会として開催されることになった。ウインブルドンでは、この年からダブルスのみ（シングルスは２０１６年から）グランドスラム大会として同時開催されている。

そういった意味から全豪オープンは確実に勝ちたかった。ところが久々の公式戦でもあり、試合感が戻らずミスが目立った。準決勝はフルセットになったが、決勝はステファン・ウデをストレートで破ることができ、3連覇を遂げた。

そして春となった4月、国枝はプロ転向を表明した。車いすテニス界では国内初のプロ選手誕生である。車いすテニスに限らず、障害者アスリートの多くは企業などで働きながら競技活動を両立させていることが多い。企業は大きくなるほど障害者を雇わなくてはいけない義務がある。であれば、強い選手が社員になれば、企業の宣伝になるということもあるのだ。

国枝は安定した雇用先である麗澤大学の職員をあえて辞して、プロの世界に飛び込んだ。その決意を、のちの講演で次のように語っている。

「日本の車椅子テニスの環境を良くしたかったんです。僕らはウィンブルドンで試合をすることがあります。だいたい3000人くらいの観客が入るんですけど、それだけの観客の前でプレーするのはとても興奮します。少しでも長くコートにいたいので、相手に粘ってもらいたくなるくらいです（笑）。そういう環境を日本でも作れると良いなと思うんです。（中略）車椅子テニスでも大観衆の中で試合ができ、お金が稼げて、プロとして自立できる。自分が車椅子テニスの成功モデルになって子どもたちにプロとしての可能性を示していければいいですね」⑥

そうした思いは「夢」から、世界ランキング1位となり年間グランドスラムを達成

障害者の雇用　障害者雇用促進法により、国や地方公共団体、民間企業などで一定数以上の従業員数が働く事業者には、一定の割合で障害者を雇用する義務がある。近年では、勤務日数を限定したり残業をしなくてよいなど、障害者アスリートが競技に専念できるかたちの雇用も拡大しつつある。

したことで、「現実」になろうとしていた。

世界的マネジメント会社との契約とユニクロへの所属

そうは言っても、大学職員という安定した仕事を辞めるのは勇気がいったに違いない。後日談として、インタビューでこう語っている。

「母はどんどんチャレンジしなさいという人ですから賛成してくれましたが、父は結構慎重なところがあるので、大丈夫かと。麗澤大学の職員として、今は生活の保障がある。それを捨ててまでプロになるのが本当にいいのか。そういう気持ちがあったのだと思います」⑦

なにしろ、日本ではモデルとすべき成功例がない、初めてのプロ転向である。それでも国枝の覚悟が翻ることはなかった。というのも、国枝にとってプロ転向は、決して無謀なことではなかったからだ。用意周到、しっかりと自分の商品価値を確かめていた。ゴルフ界のスーパースター、アーノルド・パーマーをはじめ、世界的なアスリートのマネジメントを手がけるアメリカのＩＭＧ（インターナショナル・マネジメント・グループ）社に自らプレゼンをし、プロになれるかを相談していたのだ。

ＩＭＧはこれまでゴルフやテニスなど様々なアスリートをマネジメントしてきている。車いすテニス選手である自分にはどんな価値があるのか、国枝はそれが知りたかった。それで北京パラから帰国後、自らIMGに連絡をとり、ミーティングを重ねたうえでマネジメント契約に至ったのだという。

同社は大会のスケジュール管理だけでなく、スポンサーとも交渉してくれる。これまで使用してきたオーエックスエンジニアリング、タイヤの井上ゴム工業、NECだけでなく、仕事をしてきた麗澤大学もスポンサーに名乗りを上げてくれた。これは国枝の実績だけでなく、変わらない素晴らしい人柄があってこそ。さらに国枝の価値を認めた世界的アパレルメーカーのユニクロが所属先となった。その後ANAやホンダといったナショナルクライアントまでサポートしてくれた。

今では、国枝のようになりたいという子供たちがたくさんいる。その数は、2020東京パラリンピックで金メダルを獲得したことで、さらに増えたことだろう。国枝のプロとしての商品価値は益々上がっている。

国枝のライフスタイル。自らを常に厳しい環境に置き、自らに重圧をかけながらそれを糧にして飛躍する。まさにそれはプロ意識であり、プロそのものである。国枝のプロ転向はなるべくしてなったもの、大のつく成功例である。

プロ選手としてグランドスラム大会へ

プロ転向後、初めての大会はダンロップ神戸オープンだった。ITF3のグレードの大会で日本選手ばかり。本来なら世界ランク1位の国枝が出場するレベルの大会ではないが、プロとして車いすテニスの魅力を一人でも多くの人に伝えたいという思いからの出場だったろう。しかし、それだけに絶対に負けられないと気負ってしまったところもあった。

準決勝まではワンセットで1ゲーム以内しか奪われない強さを見せつけたが、決勝では国内3番手の藤本佳伸にやや手こずった。第1セットの中盤で、藤本は積極的にネットに詰め、ボレーエースを決めて国枝の動きを封じたのだ。しかしせっかくのチャンスにダブルフォルトを犯してしまう。結果、もつれながらも国枝が6－3でとる。第2セットは6－1で圧勝するが、試合後の国枝は反省の弁ばかり。

「試合に入っていけない感じがあった。（中略）『負けられない』というプレッシャーを少なからず感じた」⑧

それでも決して負けないのは、根底がしっかりしているから。ともあれ、注目のプロ緒戦に勝ててホッと胸をなで下ろした国枝であった。

続く翌週のジャパンオープンは、緊張感から解放されて本来の国枝テニスが炸裂した。準決勝でミカエル・ジェレミアス、決勝でステファン・ウデという強力フランス勢をあっという間に片付けた。

こうして6月の全仏オープンに乗り込むことになった。パリのローラン・ギャロスで行われる正真正銘のグランドスラム。ここで勝ってプロの真価を発揮したい。試合前、国枝はインタビューで全仏オープン特有の赤土のクレーコート対策についてこう語っている。

「赤土のコートは球足が遅いので、健常者の場合はラリーが長くなることが多いのですが、車いすだとハードコートよりもチェアワークがハードになるので、ラリーがやたら長い、という印象はありません。できるだけターンをしないポジショニングを心がけています」⑨

肘の痛みを乗り越えて「絶対王者」へ——再び年間グランドスラム達成

ところが、緒戦のステファン・オルソン戦からフルセットにもつれ込んだ。クレーコートに手こずったのだ。第2セットでボールが浅くなり、相手のペースとなった。ようやくリズムが出てきたのは最終セット。6－1で振り切った。続く準決勝は地元フランスのミカエル・ジェレミアス。初戦を反省した国枝は気合い十分の6－1、6－2で圧倒した。

決勝も地元フランスのステファン・ウデ。第1セットこそ国枝が中盤を競り勝って6－3でとる。しかし第2セットはウデが強烈なフォアハンドを叩き込んで、6－3で奪い返した。勝負の第3セット、クレーコートでの健常者テニスのような長いラリーが続き、互いにサービスゲームが取れずにブレイク合戦となる。第8ゲームをブレイクバックして5－3。最後はウデの抵抗もむなしく、国枝が6－3で振り切った。試合後のコメントから。

「今年一番タフな試合だった。最後は勝利への執念がまさったと思う。買った瞬間は興奮した。それだけ今大会にかける気持ちが強かった。（中略）これまでもプロ意識を持ちながらやっていたつもりだったが、こちらへ来て、意識に変化があることを自覚した」⑩

優勝が決まった瞬間、ラケットを放り投げ、両手を天に突き上げた。それほど苦しくも、うれしい優勝だった。

7月のウインブルドンはダブルスだけ。でも、「最高の舞台で戦えるのがうれしい」とロビン・アマラーンと組んで頑張ったが、準優勝に終わった。しかし、シングルスでグランドスラム大会となるノッティンガムで行われた全英オープンでは、決勝でまたもやステファン・ウデと当たるも、二セットで破り優勝した。

9月の全米オープンは、車いすテニスも健常者のテニスとともにフラッシングメドウ（ニューヨーク）での同時開催となった。全豪、全仏同様、世界ランク7人＋1人の計8人で争われる。緒戦の入り方が難しいが、ハードコートの全米は国枝にとって得意のサーフェスだ。緒戦から圧倒することができ、決勝のマイケル・シェーファーズ

ブレイクバック　相手のサービスゲームをブレイクしたあと、自分のサービスゲームを相手にブレイクされること（もしくはその逆）。

には6－0、6－0の完封勝ちを収めた。しかし、実は思わぬハプニングが起こっていた。右肘を痛めていたのだ。それによりダブルスは準々決勝で途中棄権し、シングルスの決勝には痛み止めを飲んで臨んだのだった。相手が肩を痛めていたこともあり、国枝の圧勝となったが、朝の練習もやめて、不安の中での戦いだった。試合後にこうコメントしている。

「お互いにベストの状態でやれたら一番良かった。でも、自分自身、ケガがある中で、よくやったかな、とは思う」⑪

全米オープンに優勝し、2度目の年間グランドスラムを達成した（08年からシングルスはウインブルドンを除く3大大会が車いすテニスのグランドスラム）国枝だが、この年はこの大会が最後となった。肘の治療に専念したのである。しかし、このとき発症した肘痛が、後々に国枝を苦しめることになるとは、本人も知らなかった。

第8章

シングルス107連勝

「負けは必ずいつかやってくるものと思っていた。次のステップに進めるように、自分を高めていかなくてはいけない。身の引き締まる思い」

国枝慎吾

一生歩けないと言われた国枝の「奇跡の14歩」

2009年秋から、練習も試合もせずに肘の治療に専念した国枝だったが、翌年が明けても完全には治らない。不安が募る中、全豪オープンが始まった。初戦の準々決勝の相手は齋田悟司という日本勢同士の戦いで、第二セットこそ齋田がねばりを見せたものの、6−0、6−3で国枝が制した。試合のあと、国枝は周囲の不安を払しょくするかのように「優勝できると思ったからこの大会にきている」①と強気のコメントを口にしている。

しかし、どうしても肘痛が怖い。バックハンドのときに起こる、電気が走るような鋭く強い痛み。痛くないときも打つのが怖くなる。準決勝はそれでやや苦戦したが、途中で何が問題かを冷静に分析し、対策を講じて勝ち上がった。

決勝はダブルスパートナーのステファン・ウデ。サービスが決まらず第1セットをタイブレイクの末に落とし、第2セットは取ったものの、ファイナルセットではウデにマッチポイントを取られる。それもダブルマッチポイントという大ピンチ。このとき、国枝はウデが「勝ちビビりする」と読み、「2つしのげば何かが起こる」と自身を鼓舞したという②。連勝もストップかと思われたが、国枝はフォアのクロスとバックのクロスのウイニングショットをそれぞれ決めてしのぎ、さらにフォアのウィナーを決めて逆転勝ちを収めた。

まさに王者の勝ちパターンだった。しかし、試合後に自身の肘のリハビリに話が及ぶと、「以前の強さには戻れないかもしれない」③という不安にさいなまれていたことを吐露している。

5月のジャパンオープンは肘の治療もでき、良い状態で臨めた。5試合はすべてストレート勝ち。決勝のウデ戦も今回は6－0、6－4で退けた。

その優勝後の5月25日、国枝はテレビ朝日のニュース番組「報道ステーション」に登場した。脊髄損傷者専門トレーニングジム、ジェイ・ワークアウト（東京都江東区）

マッチポイント　あと1ポイントとれば試合に勝利する状況のこと。それが連続することをダブルマッチポイントという。

で一年間厳しいトレーニングを積み、そのジムのイベントで回復した歩行機能を披露する様子が映像で流れた。「一生車いす生活」と医師から宣告されていた国枝が、たった14歩とはいえ、17年ぶりに自力で歩行したのだ。筋肉のない細い足で、懸命に歩いてみせた。

歩行のためのリハビリは、萎縮《いしゅく》してしまった足を元に戻すことから始まったという。激痛があったが堪えた。麻痺している部分を放っておくと、二次障害を引き起こしてしまう。動く部分を使いながら、麻痺している部分に刺激を与える。こうして3か月後、車いすから立ち上がれるまでになった。半年後には1分以上立ち続けることができるようになり、ついに1年後、腕を振りながら足を踏み出すことができたのだ。スポーツ紙に、国枝がそのときの思いを語っている。

「2〜3段のちょっとした階段のあるレストランに入れない。いつも階段を意識して店選びをしてる。歩ければ気にせずにどこにでもいける」④

車いすの難敵は階段である。何でも自分でやれる国枝だが、階段だけは人の助けを借りてきた。

イベントを訪れていた人の中には、懸命に歩く国枝を見て目頭を拭《ぬぐ》う人もいた。国枝が自分の足で歩いたことに勇気づけられた人は大勢いたはずだ。何事にも負けない、国枝らしい挑戦だった。歩行への努力は、これからの車いすテニスにおいても大きな効果をもたらすに違いなかった。

車いすテニス初のシングルス100連勝を達成

歩くことへのチャレンジのあと、すぐに全仏オープンが始まった。肘の治療を行い、かなり良い状態で臨めた。決勝では、スウェーデンのステファン・オルソンと対戦し、完勝する。全豪・全仏とも4連覇を成し遂げた。

8月末から全米車いすテニス選手権に出場した。準々決勝でフランスのニコラ・パイファーに6－1、6－2で圧勝し、この勝利が公式戦100連勝目となった。始まりは2007年11月のNEC車いすマスターズ1回戦での、ステファン・ウデへの勝利。つまり、国枝はほぼ2年近く、一度も負けずに勝ち続けたわけである。これが偉業でなくして何と言えばいいのだろう。しかし達成した本人は、意外にもクールなコメントを残している。

「何連勝ということより、一戦一戦を意味のある試合にすることのほうが重要で、これからもあまり連勝にこだわるつもりはありません。もちろん常に勝利は目指しますが、今回もその繰り返しの結果100という数字がついてきたに過ぎません」⑤

この言葉通り、連勝の快進撃は続いた。同大会は準決勝、決勝を制し、続く全米オープンでも準々決勝でオランダのロナルド・ヴィンク、準決勝でステファン・ウデに圧勝。決勝の相手ニコラ・パイファーが棄権したことで優勝が決まり、ここで三度目の年間グランドスラムすら達成してしまった。

この頃の国枝のテニスを見ていた丸山コーチは次のように言う。

「コートの上から見ていて、慎吾が打つコースが、自分がテニスゲームのレバーを動かすようにぴったりと同じでした。つまり、ポイントを取るまでの組み立てが理想的だった。実際はゲームと違って本物の生きた球を打つわけですから、そんなにうまくはいかないはずなのにそうなる。毎回、練習してきたことがすべて生きたゲーム運びでした」

相手を事前に十分に研究して、組み立てを考える。クロスを磨いて相手コート内に大きなスペースをつくりだし、そこにダウンザラインでウィニングショットを放つ……。国枝は練習してきた高度な技術を使って、完璧な攻め方ができていたのだ。

全米オープンから2か月後、アムステルダムでNEC車いすテニスマスターズに挑んだ。国枝は100という連勝記録を作って、張り詰めていた糸が少し緩んだのかも知れない。準決勝での相手、ステファン・ウデにとうとう敗れてしまった。ウデは大喜び、大はしゃぎだった。ウデに勝って始まった連勝が、ウデに負けて終わったのだった。連勝記録は107でストップした。国枝は敗因をしっかりと分析していた。

「近年は心のどこかで『勝たなければ』という意識が働いていたようにも思います。

試合も『負けない』テニスをするようになっていたというか。だから結果には表れないけど、自分の中で納得のいくプレー、やりたいプレーの割合は以前より少なくなっていた気がします」⑥

「負けは必ずいつかやってくるもの」

この「気持ちの切り替え」は翌2011年早々の全豪オープンで証明された。1回戦となる準々決勝は軽々と勝ち、準決勝はオランダのロビン・アマラーン。先行しては追いつかれる嫌な展開だったが、しっかり走って、6－4、6－4で見事に逃げ切った。前年の連勝ストップの反省が生きた試合だった。試合後、国枝はこうコメントしている。

「出来はまずかった。（中略）ボールが浅かった。途中で気づいて深く打とうとしたが、うまく集中できなかった。（中略）試してみようと思うショットがことごとくミスになった」⑦

決勝は、連勝記録を止めた張本人のステファン・ウデが相手だ。試合開始から国枝は火を噴くような攻撃をみせる。ダウンザラインに展開、オープンコートに強打を放った。ドロップショットを交えてコートを広く使った。連勝の重圧から解放された積極的な攻撃により、6－0、6－3で圧勝したのだった。国枝のコメントから。

ドロップショット 相手が後方に下がっているときなどで、返球の際にボールの勢いを弱め、山なりにネットの近くへ落とす打ち方。

「練習でやったことがすべて出た。（中略）久しぶりに手応えのある試合だった」⑧
一方のウデは表彰式でのスピーチでこう語っている。
「僕もアグレッシブにやろうとしたが、シンゴはより攻撃的だった」⑨
この優勝は、国枝に新たな自信を植え付けた。
ところが5カ月後のフレンチオープンは1回戦から苦しんだ。スウェーデンのステファン・オルソンに第2セット、思い切りの良いサーブとリターンで受け身に回ってしまった。それでも6－1、7－6で勝った。
「クレーコートでの試合は1年ぶり。相手はクレーが得意の選手で第2セットはすごくいいプレーをしていた。（中略）今日はクレーコートのむずかしさを痛感した」⑩
試合後に国枝はこう話した。
準決勝はオランダのマイケル・シェファース。絶好調の相手はダウンザラインに狙い澄ましたように打ち、ローラン・ギャロスの赤土のコートで動きの鈍い国枝は間に合わない。ファイナルセットは国枝が先にマッチポイントを握ったが逆転され、敗れた。
これまで全仏4連覇を遂げてきた国枝は試合後、こう振り返った。
「負けは必ずいつかやってくるものと思っていた。次のステップに進めるように、自分を高めていかなくてはいけない。身の引き締まる思い」⑪

学生時代の同級生、愛と結婚

7月、英国、ロンドンのウインブルドン。健常者のテニスは第2シードのノバク・ジョコビッチがラファエル・ナダルを4セットで破り初優勝を飾った。ジョコビッチはこの優勝で世界ランク1位となる。彼の時代が始まった。

車いすテニスは、この年もウインブルドンではダブルスしか行われない。国枝はオランダの新鋭トム・エフベリンクとペアを組んだが、フランスペアにフルセットの末に準決勝で敗退。3位決定戦でも敗れて4位に終わった。

この大会後の8月、国枝は麗澤大学での同級生、岡崎愛と結婚した。愛とは大学1年の18歳のときにテニスサークルで知り合い、20歳になったアテネオリンピックのときから同行している。国枝は大学1年のワールドチームカップ（03年）で日本を初の世界一とした立役者だったが、当時の愛は「どれほどの選手か知らなかった」と言う。それが逆に、二人の交際が自然なかたちでスタートできた理由かもしれない。アテネ以来、国枝を精神的にサポートしてきた。

愛は3人姉妹の長女。国枝は姉がいる弟。同い年とはいえ、母を手伝い、妹たちを世話してきた愛と弟タイプの国枝は、性格やタイプが合ったのかもしれない。王者も内面は弱い。試合前はナーバスになって食欲がなくなり、吐くことだってあった。だからこそ彼女の精神的なサポートは大きかったに違いない。二人で世界ランキング1

ラファエル・ナダル（1986〜）スペイン出身の男子プロテニス選手。シングルスでは史上最年少の24歳3か月でキャリア・グランドスラムを成し遂げ、4大大会優勝回数22回（歴代1位）、史上4人目のダブルキャリア・グランドスラムを達成（2022年）。

位となり、年間グランドスラムを取り、パラリンピックで金メダルを獲得したと言っても過言ではないだろう。

国枝が安定していた仕事である麗澤大学職員を辞め、プロに転向したのは結婚の1年前。彼女はそんな国枝の英断に際し、「自分で稼げる人。将来に不安はなかった」と語っている。国枝のすべてを信頼しているからこそのコメントだった。交際を始めて7年目、お互いを十分に理解した上でのゴールインだった。

結婚2年後の2013年に、愛はアスリートフードマイスターの資格を取得した。大リーガーだったプロ野球選手の田中将大と結婚した里田まいが、この資格を得て夫を食生活の面でサポートしていることを知ったからだ。結婚して毎日、夫のために一生懸命に作った料理に、国枝から「おいしい」の一言もなかったという。何でも食べるが手応えがない。そこで作った料理をインスタグラムに上げることにした。彼女は食によるサポートへの信念を、自身のツイッターでこう表現したことがある。

「食事で怪我は治せないし絶対勝てるわけではないけれど、バランスの良い食生活が風邪をひかない健康的な体を作り、日々しっかりと練習に打ち込め、長時間移動&時差もあり気候も違う遠征先でも体調を崩さず、試合でしっかり実力が出せ、それが勝利に繋がると思っています」⑫

国枝が高いレベルでのプレーを長く続けてこられたのも、こうした日々の「食」に

アスリートフードマイスター　一般社団法人日本アスリートフード協会が認定する資格。アスリートの年齢や競技の特性、タイミングによって最適な栄養や食事量などを管理する。

支えられているからだろう。

しのび寄る車いすテニス人生最大のピンチ

国枝は妻だけには本音が言える。弱音を吐くことができる。家庭を持つことができ、そうしたことで試合の緊張感を解くことができるので、英気を蓄えて次の大会に向かっていけるのだろう。

リオのパラリンピックのあとに、それまでの車いすテニス人生で最大のピンチが国枝に訪れるが、それを乗り越えられたのも、国枝のことを最も良く知る愛の一言があったからかもしれない。

結婚後、最初のグランドスラム大会は9月の全米オープンだった。第1シードの国枝は緒戦のニコラ・パイファーを危なげなく退けたが、前週の大会を右肘痛で棄権しただけに、実際は不安の中、痛み止めを飲んでのプレーだった。試合後、こうコメントしている。

「(故障後) 初めてプレーした割にはよかった。(中略) なんとしても優勝で終わりたい。やるべきことをやれば結果はついてくる」⑬

「ついてくるはず」でなく「ついてくる」と言い切るところが国枝流だ。

準決勝はロナルド・ヴィンク。第1セットはヴィンクのプレーも良かった。

しかし国枝は「ずっと続くわけがない」と相手を見切り、6－2でとる。第2セットは完全に国枝ペース。「バックハンドのダウンザラインがよく決まった」と攻撃的にプレーでき、6－0で完封した。「肘は日に日によくなっている」と答えた。

決勝は宿敵、ステファン・ウデ。第1セットはウデの強烈なサーブが随所に決まり、国枝が圧倒され3－6で取られる。しかし、第2セットが始まるまでの2分間のセットブレイクで気持ちを切り替えた。

積極果敢なプレーで、6－1で取り返す。ファイナルセットも攻撃は休むことなく行われ、1ゲームも相手に与えずに勝ち切った。まさに怒濤の攻め、肘の不安を払拭する、強い国枝テニスを見せつけた。

「（ロンドンパラまで）あと1年。ここで緊張しているようではロンドンはない。（全米は）大きなタイトルだが、最終ゴールではない」⑭

試合後、国枝はこう胸を張った。

しかし右肘の状態を知る愛にとって、全米オープン4度目の優勝はホッと胸をなで下ろすものだっただろう。というのも、結果とは裏腹に、肘の状態はあまり良くなかったからである。

第9章

逆境を乗り越えて
——右肘手術とロンドンパラ

「今のプレースタイルでは相手に通用しなかったら、じゃあ違う引き出しを開けて、違うことをやってみようとか、なぜこの流れになってしまっているのかをとにかく冷静に分析しようと努めている自分がいます」

国枝慎吾

「テニス肘」の手術を決断

国枝は2010年頃から、ショットの度に右肘が痛むようになった。いわゆるテニス肘、テニスエルボーである。バックハンド時に強烈な痛みを発する。これはトップスピンを猛練習してからだった。ほとんどの車いすテニス選手が行っていないときに、先を見据えて丸山と作り上げた国枝のウイニングショット。しかし、腕を回転しながらボールを擦り上げるだけに、どうしても肘に負担がかかる。両刃の剣であったと言ってもいい。

休みを取りながら、薬を飲みながら、マッサージをしながら、2011年の秋にUSオープンというビッグタイトルを奪取した。しかしその後、完全休養を余儀なくされた。しかし、リハビリや治療を続けても良くならず、ストレスが募る不安な日々を送った。

2012年はオリンピックイヤーだ。8月にはロンドンでパラリンピックが開幕する。プロに転向したときから、照準はこのロンドンパラに当てられている。日本で最も大きくマスコミが報じる大会。「車いすテニスの面白さを世の中に広めたい」を信条とする国枝にとって、負けるわけにはいかない最も重要な大会である。

同年1月、国枝は日本テニス協会医事委員長である別府諸兄を尋ねた。別府は当時、聖マリアンナ医科大学整形外科の教授だった。現在は同大学名誉教授であり、上馬整形外科クリニック院長。自身もテニス愛好家でテニス肘のオーソリティと言ってもいい。

別府は国枝の肘を診察した。幾つかテストするだけで痛みに顔が歪む国枝。症状はかなり悪い。別府がそのときのことを筆者に説明してくれた。

「テニス肘を治すには保存療法と手術があります。保存療法とはストレッチ、湿布や薬、テニス用肘バンドを使って痛みを抑える方法です。それらはすでに十分やってきたわけで、もはや手術を選択するしかありません。難治性のテニス肘です。ロンドンまでの時間を考えると、リハビリの2カ月間を入れて半年前。2月には手術したいと」

テニス肘は40代から発症することが多く、週に3回以上練習すると発症頻度が上がるというデータもある。痛み始めであれば、保存療法で9割方は治る。しかしそのまま使い続ければ、日常生活でも痛みを感じるようになる。ドアノブを回したり、タオルを絞ったりするだけでも痛みが走る。そのうちコップさえ持つことができなくなる。

別府医師が続ける。

「テニス肘には2種類の症状があります。主に片手バックハンドが原因で、肘の外側に痛みが出るのが上腕骨外側上顆炎。一方、主にフォアハンドが原因で肘の内側に痛みが出るのが上腕骨内側上顆炎です。8割から9割が前者の上腕骨外側上顆炎。つまりバックハンドストロークのやり過ぎ、オーバーユースが引き起こすものです」

長いリハビリを経て久しぶりの打球の感触に感動

国枝の右肘痛は上腕骨外側上顆炎。まさに天下の宝刀、バックハンドトップスピンがもたらしたものだった。入念な検査を行い、2月14日に肘関節鏡視下手術が聖マリアンヌ大病院で施された。間接の周囲に小さな穴を開け、内視鏡を挿入して手術する。皮膚切開手術では術後、回復に時間がかかってしまう。この手術は肘だけでも全身麻酔となる。別府医師が手術（一般患者）の動画を筆者に見せながら説明してくれた。

「肘の関節内の毛羽立っている滑膜ヒダを綺麗に掃除するクリーニング手術です。生理食塩水をたくさん注入、関節の袋を膨らませてから内視鏡を入れて、モニターで肘の内部を見ながら手術していきます」

手術室には、ミスター・チルドレンの「トゥモロー・ネバー・ノーズ」が流れていた。国枝が試合前に聴いていることを知り、執刀医の別府がかけたのだ。前日は一睡もできなかったが、この曲で安心しながら眠りに落ちた。

手術は無事に成功した。術後の傷は目立たず、リハビリも順調に行われた。国枝は日に日に良くなっているのを実感した。翌月には肘の可動域も広がった。都内のジムで、筋力が衰えないようトレーニングを積んだ。

ようやく4月に入ってコートに立つことができた。とはいえ、本物のボールはまだ打てない。スポンジボールと空気圧を50％程度に減らした柔らかいボールを使って打つ。術後、国枝はブログにこう記した。

「久しぶりのボールの感触！（中略）やっぱり楽しさが違います」①
それまではずっと素振りだけだったため、打球の感触がうれしくて仕方ない。思わず笑みがこぼれる。イメージトレーニングをしてきただけに、思ったよりも違和感がない。何より、肘が痛くないのが最高である。

とはいえ、コーチの丸山は「焦らずじっくり行こう」とあくまで慎重だった。再び痛みが出ては、何のための手術だったかわからない。例年出場していた3月の大会もキャンセルして様子を見ていく。テニスレッスンの手伝いをする程度に抑えた。

とはいえ、何より手術前の不安が薄らいでいった。寒い冬が明け、暖かい春になってきた。国枝らしい明るさとスマイルが戻ってきたのだ。誰もが復活する日を待ち遠しく思った早春だった。

将棋とテニスの共通点——天才棋士・藤井聡太との対談

手術後、リハビリをしながら、国枝は将棋を指していたとブログでも書いている。他の選手やトレーナーを捕まえては将棋対決を楽しんだ。

国枝の将棋好きは知られている。2022年、読売新聞の新春特別企画で天才棋士の藤井聡太竜王と対談している。19歳の藤井と37歳の国枝では18歳の年の差があったが、将棋の話で盛り上がった。

国枝は小学生の頃から将棋を指していた。とはいえ、授業の合間の休み時間に仲の良い友達と指す程度だった。ところがその友達が国枝の手術後、暇を持て余していた国枝に将棋をやらないかと誘ったのだ。マグネット将棋から始めて、勝ち負けは最初五分五分だった。1カ月後にまたやろうという話になった。負けず嫌いの国枝は、その間に図書館で10冊ほど将棋の本を借りて研究した。対談で、国枝はこんなことを語っている。

「（中略）そういう戦法を研究しながらやると、五分五分だった将棋が、1か月後には10回やったら10回勝つみたいな状況になって（笑）」②

棋士の羽生善治は、国枝に「スポーツの中でテニスが一番将棋に近い」と言ったという。欧州の選手も「今日はチェスのように相手を支配できた」と試合後にコメントしたりする。将棋を学ぶことは、テニスに通じるかも知れないと国枝は思っていた。そして藤井に向かって次のようなことを話した。

「ちょうど僕ぐらいの将棋の実力だと、3手詰めまでしかできないんですよ（中略）でも、テニスは3手詰めだったりするんですよ。5手詰めまではできないんです。相手がどう返してくるかを予測しながら、例えばここに打っておけばこう返ってくるよっていう、その予測のもとに動いていているんですね」③

このことはテニスライターの秋山英宏も言っている。

「自分がサーバーのとき、どこにどんなサーブを打つかを決め、相手の打ってくるコースを予測して、すかさずそこに行ってウイニングを決める。自分がレシーバーなら相手のサーブを予測して強烈なリターンを打ち、エースを奪えなくとも次のショットで決める。この相手のショットを読む能力が錦織圭と国枝慎吾は抜群に長けている」

羽生善治（1970〜）将棋棋士。15歳でプロ入りし、1996年に史上初の7冠制覇を達成。通算公式戦優勝回数、通算最多勝数など数多くの歴代1位記録を持つ。段位は9段。

自分がサーブなら三手で詰みとし、レシーブも三手で王手にする。現代の攻撃的なテニスは、まさに将棋の三手詰めなのだ。相手の過去のデータを基に、一挙手一頭足に全神経を集中すれば、何をしてくるかが読めるというわけだ。

国枝にとって、右肘の手術は体を休めることができた一方で、頭を将棋で活性化させたと言っても良いだろう。

自身も認める国枝慎吾の「修正力」

藤井は国枝との対談で、劣勢をどうはね返したら良いかを尋ねている。将棋は熟考する時間が与えられているが、テニスではどうかということでもある。国枝はこう答えている。

「もちろん、このままじゃいけないからやり方を変えないといけないという思考になってきて、今のプレースタイルでは相手に通用しなかったら、じゃあ違う引き出しを開けて、違うことをやってみようとか、なぜこの流れになってしまっているのかをとにかく冷静に分析しようと努めている自分がいます。（中略）焦りだとかっていうよりは、この状況をいかに打開するか、そのために何が必要なのかを常に考えていますね」④

こうしたことを20秒以内のポイント間や90秒以内のチェンジエンド、2分以内のセットブレイクで、頭をフル回転させて考えるのが国枝であり、正解を出すことができ

チェンジエンド　奇数回目のゲーム終了後に認められている90秒間の休憩。タイブレイクでのチェンジエンドは合計点数が6の倍数になった場合に認められる。

セットブレイク　セット終了時にスコアに関係なく選手に与えられる2分間の休憩時間。

るのが国枝の強さ。まさに将棋、将棋テニスと言ってもいい。国枝は藤井にこうも続けた。

「やっぱり修正力ってところがテニス選手にはすごく求められることで、そこが僕の強みでもあるんですけど、相手に完全に流れがいっている場面でも、なぜいっているのかを分析して、自分の流れにちょっとずつ持っていくっていうのを得意としていて、修正力ってところで今まで人と差をつけてきた部分でもあったかなと思っています」⑤

テニスも将棋もターン制だ。ターンの間に今の状況を冷静に分析し、三手先まで読んで次の一手を打っていく。劣勢のときはそうして形勢を逆転する。少しずつ、時には一気に。それこそがテニスと将棋の醍醐《だいご》味《み》であり、見る者はそれを読むのが最も楽しい観戦術となる。

コーチの丸山は、自分が考えていることと国枝がやることがまったく同じだったと語っていたが、ゲームのようにそれができていれば、勝利は自ずと手に入るのだろう。車いすテニスはツーバウンドまで許されるだけにラリーは長く続く。サーブやレシーブの段階で三手詰めが読めなくても、最終的にどこかで詰め将棋が実践される。

ラリーでコーナーに振ってダウンザラインで仕留めるのか。ネットに出てボレーで仕留めるのか。深いボールを放っておいてドロップショットで仕留めるのか。とかく現代テニスは、ミス待ちでは勝てない。自分から仕掛け、ポイントを奪えなければ勝利は手に入らないのだ。

手術を乗り越えてロンドンパラリンピックへ

２０１２年も半分が過ぎようとする5月半ば、国枝はついに大会に復帰した。日本最大の車いす大会、ジャパンオープンだ。手術した右肘を慣らすため空気圧75%のボールで練習しつつ、通常のボールでも打てるようになっていた。MRIでの診察でも「異常なし」。この医師の言葉がどれほど国枝を勇気づけただろうか。

注目の復帰戦、第2回戦では早くも強豪ゴードン・リードと当たるが、第2セットをタイブレイクの末に破って勝利した。準々決勝は好調のミカエル・ジェレミアス。冷静かつ熱くプレーしてこれも圧勝する。早くも試合感が戻ったかに見えたが、準決勝でステファン・ウデにストレート負けを喫した。試合後の国枝は、ブログに次のようなポジティブな声を載せた。

「今回の目標としては、まず一週間痛みなく試合をこなすというのが一番でしたのでその点についてクリアできたこと、復帰戦で世界トップが全員集まる中ベスト4という結果、この二点については評価しても良いと思います」⑥

6月の全仏オープンも決勝でウデに敗れた。ファイナルセットのタイブレイクを落とした。しかしスイスオープンでウデに雪辱、フレンチオープンでも準決勝でウデを破って連続優勝を決める。全英オープンでも優勝して調子が戻った。いよいよロンドンパラリンピック、完全復活の狼煙《のろし》を上げるときがきた。

大会前に、国枝はサーブを課題にしていた。コーチの丸山が提示していたことだ。〈サーブで細かいコントロールを身につける。コースの狙いわけ。相手が嫌がるコースへ打ってリターンエースを決める。車いすの向きや体の回転、ラケットの軌道などで打ち分けられるようにすること〉

パラ2大会連続「金」に効いたアン・クインからのアドバイス

ロンドンパラの会場はウインブルドンではなく、イートン・マナーだった。コートは芝よりはるかに自信のあるハードだ。2回戦まで1ゲームも落とさず勝ち上がり、3回戦と4回戦は共に6－0、6－2と2ゲームを与えただけ、準決勝は、ロナルト・ヴィンクに6－2、6－2で勝利した。

決勝はここでも宿敵ステファン・ウデが相手だった。試合前に食べたものをすべて戻すほど神経質になっていたが、ゲームが始まるやウデのセカンドサーブを攻撃して調子を崩させた。逆に国枝はパワフルなサーブをお見舞いし、コート内を世界一のチェアワークで走り回ってボールを拾い、ポイントを重ねる。

第1セットは6－4、第2セットは6－2で押し切った。マッチポイント、ウデのリターンがベースラインを越えるのを見届けた国枝は雄叫びを上げた。会心の勝利だった。どのようにブランクへの不安を克服したのか、のちに国枝がインタビューでこう明かしている。

「やはりメンタルトレーニング。アン（著注 アン・クイン）からは『iPadに、ロンドンのセンターコートの壁紙をダウンロードし、それを見ながら、優勝してガッツポーズしているイメージを描きなさい』という指示を受けました。僕は、手術を受ける前からパラリンピックの決勝戦前夜まで、そのイメージトレーニングを続けました。おかげで大きな不安に襲われることなく、練習も計画通りに取り組めたので、結果に結びついたのだと思います」⑦

ワンポイント、ワンポイント、集中できたという。右肘の手術から半年。計画通りパラリンピックに間に合わせ、優勝までできたことに「ちょっと怖いですね」と試合後、おどけてみせた。

北京に続くパラリンピック2連覇の金メダル。もちろん車

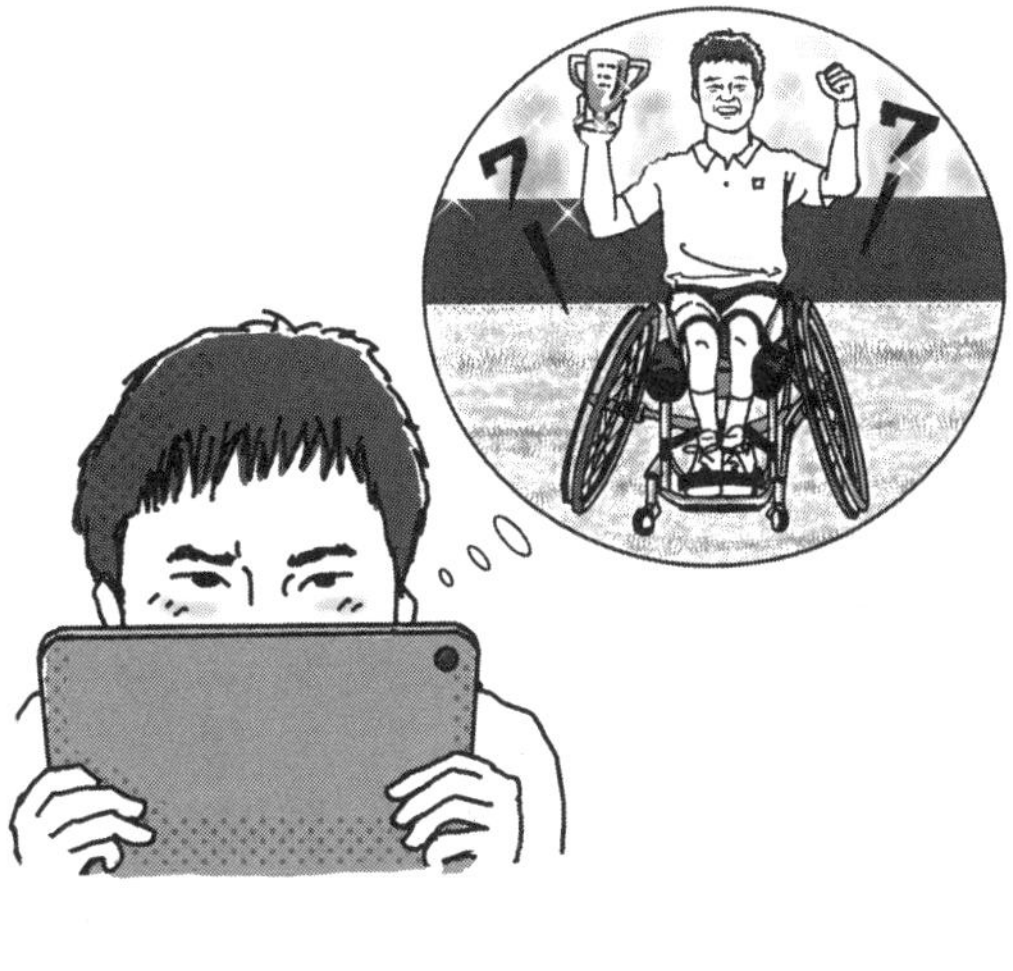

いすテニス界始まって以来の快挙だ。国枝は真っ先に執刀してくれた別府に感謝した。

２０１２年は12月の暮れ、国枝はベルギーで行われたNEC車いすテニスマスターズにおいて、オランダのマイケル・シェファースをフルセットの末に下し、初優勝を遂げた。この大会は車いすテニスの世界選手権である。全米オープン終了時にトップエイトに入っている選手だけが出場できる世界一決定戦。国枝はこの年を有終の美で飾った。

第10章 「引退」を覚悟した最大の試練
——満身創痍のリオパラリンピック

「自分自身が挑戦者に戻らなくてはいけないときが来た」

国枝慎吾

右肘手術を乗り越え、再び世界ランキング1位へ

2013年は新年早々、世界ランク1位に返り咲いた。右肘痛で泣いていた1年前が嘘のような快進撃を開始した。全豪オープンでステファン・ウデを倒し、最初のグランドスラム大会に勝利した。

続く二つ目の全仏オープンも決勝はウデだった。地元フランス人の大声援を受けたウデが奮闘、大激戦となった。第1セットは5－7でウデ、第2セットは7－5で国枝が取り返す。赤土のクレーはウデが得意とする。ファイナルセットはタイブレイクの末、ウデが競り勝った。前年の雪辱ならず、悔しい国枝。

こんな国枝の言葉を思い出す。

「詰め切れないのは、まだやらなきゃいけないことがあるということ」①

7月はダブルスしか行われないウインブルドンで、7年ぶり二度目の優勝を遂げた。国枝の相棒はステファン・ウデ。二人は宿敵であり親友なのだろう。

全米オープンは苦しみながらも決勝へ進出。相手は11月に43歳になるウデ。超人ウデは40歳を超えてますます強くなっている。決勝は風が強く吹き、ウデは風を利用して国枝を攻め立てた。2－6、4－6のストレート負けは一年以上味わってない屈辱だった。

国枝は負けを認め受け入れた。試合後のコメントから。

「久しぶりに心から負けたと感じた試合。（中略）対国枝用の対策も練られている。（中略）変えることを恐れず、自分自身どこまで変われるか挑戦したい」②

ちなみにこのとき、国枝はこんな言葉も口にしている。

「自分自身が挑戦者に戻らなくてはいけないときが来た」③

国枝は技術や精神力をアップするだけでなく、車いすの改良にも励んだ。海外の若手は長身を生かして高い打点からパワフルに打ってくる。この対抗策として、自分も高い打点で打ちたいと座面を上げたのだ。

健常者のテニスプレーヤーは、自分の身長を伸ばすことはできない。しかし車いすテニスでは、座面を上げることで打点を高くすることができる。座面が上がればサーブも強く打てるし、ネットプレーも強化できる。とはいえ、一気に上げすぎてはショットが乱れるため、最終的に7ミリアップに留まったが、車いすテニスだからこそ可能なことを追求しているのだ。

「絶対王者」への復活――年間グランドスラム2年連続達成

2013年年末、世界テニス連盟がこの年の世界チャンピオンを発表し、車いすテニス部門は国枝慎吾が選出された。

2014年は年明け早々の全豪オープンに7度目の優勝。準決勝でウデを破った20歳のアルゼンチンの新鋭、グスタボ・フェルナンデスを相手に高い集中力を発揮、6−0、6−1と圧勝した。横綱相撲だった。

国枝の「集中力」は練習で培われたものだ。あるインタビューでこんなことを語っている。

「練習というのは時間より質が重要なので、『自分は今100％集中しているか？』と、常に自分に問いかけながら練習しています」④

その高い集中力が試合でも発揮され、大事なポイントを取ることができる。国枝の真骨頂である。

続く赤土のローラン・ギャロス（全仏オープン）。準決勝でフェルナンデスが三度もマッチポイントを持ちながら、逆転して退けた。「まだ終わってない。チャンスはまだある」と国枝は自分に言い聞かせた。決勝はウデ。鬼門となっている赤土でいかに戦えるか。ウデの重いトップスピンを下がらずにライジングで打ち返し、自分のペースをつかんだ。健常者と本気の試合をしてきたことが実った一戦だった。

勝利が決まった瞬間に雄叫び。全仏オープン4年ぶり5度目の優勝だった。

ダブルスだけのウインブルドンで、ウデとのコンビで2連覇、3度目の優勝を成し遂げたあとの、グランドスラム大会最後の全米オープン。初戦は由緒あるルイ・アームストロング・スタジアム。肩に重みを感じながらも簡単に勝ち、準決勝では好調なニコラ・パイファーを7－5、7－6で破る。「タフな試合だった」と国枝。決勝はヘビートップスピンに磨きがかかったフェルナンデスを相手に第1セットを7－6で取ると、第2セットは6－4。「若手は勢いに乗せたら手がつけられない」と、国枝はドロップショットやサーブアンドボレーで翻弄した。試合後にこう語った、

「充実した気持ち。スゴイ一年になった。ハッピーです」⑤

4大大会をすべて制した国枝は誇りに満ちていた。4回目の年間グランドスラマーとなった。

ルイ・アームストロング・スタジアム　ニューヨーク市クイーンズ区のフラッシング・メドウ・コロナ・パークにある、USTAビリー・ジーン・キング・ナショナル・テニスセンター内のテニス競技場。この近くに晩年まで住んでいた著名なジャズ歌手・トランペット奏者、ルイ・アームストロングの名がつけられた。

ヘビートップスピン　回転量が多いトップスピン

サーブアンドボレー　サーブをすると同時にネットに近づき、相手の返球をノーバウンドで打ち返す攻撃方法。

快進撃の秘訣――「引き出し」の多さが生む対応力

15年のグランドスラム大会も全豪オープンで幕を開けた。順当に決勝に進出した国枝の決勝の相手は生涯のライバル、ステファン・ウデだった。危ない場面がなかったわけではないが、終わってみれば6－2、6－2の完勝だ。

「全部の4大大会で優勝を目指しているので、1年の最初の全豪がとれてホッとしている」⑥

試合後の会見でぽろりと本音がこぼれるが、それもそのはず。世界中の車いすテニスのトップたちが国枝を標的に腕を磨いている。それも国枝の弱点を暴き出そうと、コートに4、5台のビデオカメラが設置されることもある。それでも揺るぎない強さを披露できるのは、普段からの質の高い練習による。一球一球に全神経を集中し、全力で走り回ってエースを取ろうとするからだ。

会見で国枝は、体を痛めつけるほどの練習より、試合のほうが楽しいとも口にした。練習では常に自分の現状を知り、進化させようとする。独自のノートにその日の反省や取り組むべき課題、克服したことなどを書き付ける。自分に足りないもの、必要なことがわかり、不調のときも原因が気づける。相手の強みや弱みなどのデータも記していく。ある雑誌のインタビューで試合のための準備について聞かれ、こうコメントしている。

「大舞台になるほど緊張は増し、実力を100%発揮するのが難しくなります。だから60%しか発揮できなかったとしても、勝てるように準備することが大事です。（中略）普段通りのプレーができない場合、どんな状況に陥ってもカバーできる『引き出し』をできるだけたくさん持つことが大切」⑦

今回の全豪でもその対応力を存分に見せつけた。また、自身の強み、弱みについてはこんなふうに考えているという。

「『まずは強みを伸ばせ』という考え方がありますが、テニスは相手の弱みを徹底的に狙う競技なので、弱みをなくすことを優先し、そのうえで同じくらい強みも伸ばします。僕の長所は、フットワークが良く、苦手なショットが少ないこと。つまり防御力に長けたタイプなんです。『攻撃は最大の防御』と言いますが、自身の強みを活かすため『防御は最大の攻撃』だと考えます」⑧

国枝の「負けないテニス」はそうして作られていった。

全豪に続くグランドスラム大会、全仏オープンでも決勝の相手はウデだった。国枝は準決勝でマイケル・シェファースに完勝し、その勢いは決勝戦でも止まらず、クレーコートの王者に6－1、6－0と圧勝した。

国枝対策として軽量のカーボン車いすで戦いに臨んだウデを、三手詰めの将棋テニスでものともしなかった。ウデの車いすは1200万円もする高価なものだった。

「今季は今までのテニス経験で最も充実して、心技体がそろっている」⑨

試合後、国枝はそう言い切った。

「車いすテニスには一般のテニスと違って教科書がない」

2015年の仕上げは全米オープン。緒戦はゴードン・リードに危なげなく勝ったが、準決勝のヨアキム・ジェラード戦は相手のパワーに苦しんだ。ブレイク合戦に堪え、動きの速さと返球の緻密さで競り勝った。ワイドに大きくキックさせる新しいサーブも効果的だった。

決勝はまたしてもウデが相手だった。ウデもまた国枝同様に大きな試合に強い。実力を100%以上に発揮してくるのだ。第1セットだけで、ウデのグラウンドストロークのウィナーは17本もあった。サーブの配球が巧みでセカンドサーブでもゲームを獲得し、タイブレイクの末にウデがこのセットを取る。全仏オープンの雪辱を果たさんと意気込んでいた。

国枝はリターン勝負が裏目に出ていると分析し、第2セットでラリーでの勝負に作戦を切り替えた。ラリーでは誰にも負けないという自信が6－3の結果をもたらす。ファイナルセットはリターンも改善され、6－2で勝利した。国枝の言う「多くの引き出しの中から調子の良いもので勝負する」が実ったかたちだった。対応力の差が勝負を分けたと言っていいだろう。

この勝利で全米オープンは2年連続6度目の優勝を飾り、年間グランドスラム6回目の達成であった。

国枝は先の雑誌インタビューで、世界一の座を守るための秘訣を披露している。

「今は世界のどこにいても、YouTubeで簡単に試合の動画を見ることができますから、動画で僕のプレーを研究したり、真似したりする選手が出てきました。（中略）テニスの教科書はあっても、車いすテニスの教科書はありません。（中略）『車いすだからここまでしかできない』という思い込みを取り払い、『健常者や格下の選手のプレーから盗めるものはないか』と常に考えて取り組むことが、今の自分を超えるために必要な要素だと思います」⑩
国枝のテニスはそうして進化を続けている。

「絶好調」に立ち込める暗雲——右肘痛の再発

ロンドンパラリンピックで金メダルを獲った翌年、2013年の半ばから、さらに進化した国枝テニスは第2次黄金期を迎えていた。2014年から2年連続の年間グランドスラマーとなった。2016年はリオデジャネイロパラリンピックの年だ。絶好調で金メダル4連覇を果たすことは間違いないと思われた。

ところが「禍福《かふく》は糾《あざな》える縄の如し」。『史記　南越伝』の言葉通り、幸と不幸は縄のようにより合わされながら交互にやってくる。2016年明けのメルボルン車いすテニス選手権は優勝したものの、続く全豪オープンは初戦で敗れた。世界ランク1位の座から11年ぶりに滑り落ちた。右肘痛が再発したのだ。実は、前年暮れの世界マスターズですでに違和感があった。

再び国枝は別府医師に相談した。別府は2020東京オリパラで、テニスと車いすテニスの選手医療統括者に抜擢されていた。やがてはそこでも国枝を支えることになるのだが、このときは再発した国枝のショックを目の当たりにし、医師として助けたい一心だった。しかし、今回の怪我の症状は前回よりも重症だった。

「前回は関節の中の滑膜ヒダが炎症を起こしていたわけで、そのヒダのケバ立ったところをクリーニングしました。しかし、今回は滑膜のさらに内側にある軟骨まで痛めてしまっていた」

別府は筆者にそう解説してくれた。リオまでの時間を考え、当初は復帰に日数のかかる手術によらない治療法が選択された。

しかし、状態は回復しなかった。あらゆる治療を施したのに。それでとうとう四月九日、内視鏡によるクリーニング手術に踏み切った。

国枝本人は前回よりも痛みがひどくなかったために、手術すればすぐに良くなると期待していたかも知れない。2週間後にはリハビリ合宿を行い、その後、スポンジボールから練習していった。まだまだ万全とはほど遠かったが、無理を承知で5月のワールドチームカップに出場した。なぜなら大会会場が日本の有明コロシアムだからだった。国内で開催される世界一を決する国別対抗戦に、絶対王者の国枝が出ないわけにはいかなかった。

痛みとの闘いに心が折れる

初戦のスウェーデン戦、ついでベルギー戦と、国枝本人はその内容に不満ながらも勝利して1次リーグを突破した日本は、準決勝のイギリス戦でフルセットながら勝ちをものにし、決勝へと進んだ。9年ぶりとなる決勝戦の相手はフランス。国枝はウデに競り負け、日本は準優勝に終わった。日本の監督だった丸山弘道は試合後、こう選手たちをねぎらった。

「笑顔は少ないが、世界2位になったので威風堂々としていい。4000人くらいの観客に会場に来てもらい、多くの報道もして頂いて、車いすテニスを通じて、一つ夢がかなったなと。こういう状態を続けられるように、指導者も選手もきちっと積み重ねていくことが車いすテニスの普及・発展につながる」⑪

国枝はこんなコメントを口にした。

「初戦に比べると随分（状態が）上がったなと。残り3か月、リオまでありますし、（現時点で宿敵に）6－4、6－2というスコアなら十分手が届く」⑫

力強く語ったが、それは本音だったのだろうか。不安なときほど願いを断言するアン・クイン流ではなかったのか。というのも、6月の全仏オープンでは初戦前日に右肘に再度痛みが発症し、奮闘するも準決勝でグスタボ・フェルナンデスにストレート負けを喫してしまったからだ。後日、このときの状態を日本経済新聞のインタビューで明かしている。

「おおっと、（著注　痛みが）来たなーと。全豪オープンの時も痛かったが、その時と同じくらいのレベルになっちゃったなって」⑬

手術後、すぐに復帰したワールドチームテニスでの戦いが禍いしたのか、全仏オープンの赤土で動きが重くなったことが原因なのか。国枝は、リオパラに不安を抱えながら帰国した。東京都北区の国立スポーツ科学センター（JISS）でリハビリ合宿し、状態が上向いた7月からボールを打ち始め、8月に入ってから1日6時間の質の高い練習をこなした。この間に世界ランクは7位まで下がった。先と同じ日経記事では、こんな本心も明かしていた。

「精神的にはしんどかったですね。一度手術もしていて、もういけると思ってからの痛みの再発だったので（中略）おれって、こんなにメンタル的に弱かったんだと思いました」⑭

心は、何度も折れた。本人のブログにも国枝はそう記している。

「天国から地獄に突き落とされた」

待ったなしでリオパラリンピックが開幕した。右肘は悲鳴を上げていた。初戦前日、国枝は「痛い痛い」と叫び、とても試合ができる状態ではなかった。それでも、地球の裏側までやってきて棄権するわけにはいかない。

丸山は国枝の個人コーチとしてリオに同行していた。

「国枝と私とトレーナーと3人で、痛み止めの注射を打つかどうか話し合いました。ステロイド注射は痛みを抑えられるが、関節内の組織を脆《もろ》くさせる危険があります。だから打ちたくない。打たないで行こうって。でも、国枝本人が『引退覚悟で打つ』と言って泣いて訴えるわけです。私もトレーナーも一緒に泣きました」

こうして初戦は何とか勝利し、次も格下相手だけに勝てた。しかし、本来の調子からはほど遠い。準々決勝でベルギーのヨアキム・ジェラードにストレートで敗れ去った。

丸山は後になって無念さを滲《にじ》ませて言った。

「ワールドチームテニスまではリオで優勝できると思っていたのに、突然痛みが出てしまって。天国から地獄に突き落とされた。あのときのことは思い出したくもない」

しかし、国枝には齋田と組んだダブルスの試合が残っていた。準決勝でイギリスのヒューエット・ゴードン組に敗れ、3位決定戦があったのだ。その相手は日本のもうひと組、三木拓也と眞田卓のペアだった。三木は丸山の教え子だった。丸山は言う。

「どちらが勝っても日本の銅メダルは決まり。それだけにいい試合をして欲しかった。お互いの個性を発揮して戦って欲しい。それだけでした」

試合は6－3、6－4と好ゲームの末、国枝・齋田組が貫禄勝ち。銅メダルを手にした。

国枝が、肘の痛みとメダルの重圧から解放されたときだった。試合後、この銅メダルが今後の自分の支えになると語ってはいるものの、気分は晴れなかっただろう。肘の痛みは依然、消えていなかったからだ。

その後、全米オープンに出場したが、準決勝でグスタボ・フェルナンデスに敗れた。世界マスターズの前に再度肘が痛み、残りの試合をすべてキャンセルした。2016年はパラリンピック金メダルはおろか、グランドスラム大会をひとつも獲れないシーズンとなった。

「引退しなきゃいけないかも」

2017年は明けたが、全豪オープンは見送った。医師の診断によれば、4か月の休養が必要で、そうすれば肘関節の腱が再構築されるはずだということだった。ボールは一切打たなかった。一月はいつも日本にいなかったので、不思議な感じがしたという。

全豪オープンはWOWOWの中継で国枝が男女の決勝を解説した。日本女子の新たなエース、上地結衣の全豪初優勝を祝福した。

ようやく2月、コートに立つときがやってきた。期待と不安が入り交じる。ショットを放つ。バックハンドで電流が肘を直撃した。ショックだった。車いすテニスを始めて22年目、初めて引退が現実のものとして浮上した。これだけ休んだのに痛みは消えなかった。国枝の妻・愛への新聞の取材で、国枝が電話口で漏らしたという言葉が紹介されている。

「やっぱりひじが痛い。引退しなきゃいけないかも」⑮

本気で引退を覚悟したとも思える呟きだった。痛みでテニスが思うようにできない国枝の姿を間近で見続けてきた愛は、その言葉を聞いたときのことをこう回想している。

「休み明け初日に痛みが出たのがショックだったんだと思う。私も引退の一言に動揺

上地結衣（1994〜）日本の女子車いすテニス選手。2014年、ダブルスで史上3組目の年間グランドスラムを達成（史上最年少記録）。また女子車いすテニス史上6人目のキャリアグランドスラムも達成している。

し、言葉が出てこなかった」⑯

国枝にとって、家庭こそが唯一、弱音を吐ける場所だ。そのたびに、愛は「後はなるようにしか、ならないんじゃない?」と答えるのだという。でもそんな愛の言葉に、国枝はいつも助けられてきたと語っている。

そして、国枝を奮起させたことがもうひとつある。それは2020年の東京パラリンピックだ。自分が生きている間には二度と行われないだろう、一生に一度しかない日本でのパラ。そこに自分が出場しないことなどありえない。車いすテニスの魅力を伝える、これ以上ない機会なのだ。

国枝は東京開催の報道を2013年全米オープンの決勝前夜に知った。1964年以来56年ぶり。そのときの驚きと嬉しさは今も忘れていない。興奮で眠れず、ステファン・ウデに敗れてしまったくらいだった。

何としても東京パラリンピックに出場し、金メダルを獲る――。そのために、再び国枝は立ち上がった。

「変わらなければ、後はない」――決意の打法改造計画

もはや手術では肘の痛みは消えない。たとえ消えたとしても肝心なときにまたもや再発することもあるだろう。そこで考えついたのが、肘が痛くならない打ち方に変え

ることだった。

これは、2度目の手術の時に別府医師からアドバイスされていた。バックハンドで手首を旋回し過ぎることが、肘を痛める原因になっている。打点位置が前方にあることで、肘の軟骨が動きやすくなり擦られるとも指摘された。

では、ライバルたちはどんなバックハンド・ストロークをしているのか。肘を痛めない打ち方はあるのか。この打法改造について、パラスポーツ専門誌『パラスポーツマガジン』はこう伝えている。

「リオパラリンピックで金メダルを獲ったアルフィー・ヒューエットは、国枝とは違うグリップのバックハンドで攻撃的なテニスをしている。車いす選手に限らず、高めのボールを狙って打ち込める攻撃的なバックハンドは現在のテニスの主流。これまでバックハンドを武器にしてきた国枝は、この新しいバックハンドを手に入れて、ボールの威力を強化したいと考えた」⑰

バックサイドに高く弾む打球は返しにくい。だからこそ、そこを攻撃するのだが、高い打点で切り返せれば反撃できる。後ろに下がるのではなくライジングを上から叩く。この新しいバックハンドを身につけ、しかも肘が痛くならないとしたら、これ以上のことはない。復活計画は立てられた。

整形外科病院に勤務していた北嶋一紀トレーナーとも相談し、痛みのメカニズムを理解した上で改造に取り組んでいった。4月から週に3回、練習で新しいグリップでの打法を試しながら、スピン量を減らしたフラット系の打球に変えた。これだと打点位置が体に近づき、手首を使いすぎず肘痛になりにくい。このころの取り組みについて、2017年末のインタビューで国枝はこんなふうに表現していた。

「丸山弘道コーチとも、今は『Change or Die』というくらいの、『変わらなければ、後がない』という、そのくらいの覚悟でやらないとダメだと話しています。今までの技術にこだわっていても仕方がないと思います」⑱

実戦感覚をつかむため、小さな大会から出場してみることにした。復帰後初大会は4月下旬のダンロップ神戸オープン。日本の選手を相手に、1回戦から決勝まですべてストレートで勝った。しかし次のジャパンオープンでは2回戦でグスタボ・フェルナンデスに敗れた。1月の全豪オープンで優勝した、国枝より10歳年下の勢いのあるアルゼンチン人だ。

続く6月のフレンチオープンでも、準々決勝でアルフィー・ヒューエットに敗れる。こちらは国枝より13歳も若いイギリス人。この二人は今後、国枝の大きなライバルになることは間違いない。

そして7月、国枝にとって大切な試合があった。前年の2016年からシングルスが始まったウインブルドンである。これで4つのグランドスラム大会すべてが車いすテニスと連動したわけで、国枝はテニスの聖地であるウインブルドンで何としても勝ちたかった。その記念すべき第1回大会を肘痛の再発によってやむなく欠場したのだった。だからこそ出場できたこの17年は優勝したかったが、準決勝でステファン・オルソンに敗れる。まだまだ新打法は完成していなかった。試合後、国枝は珍しく弱音を吐いた。

「復帰してから納得のいくプレーができていない。バックハンドのトップスピンが打てていないので、自分のリズムにならず、フォアハンドも悪くなってしまう。（中略）3か月か4か月で（バックハンドの改良が）完成するとも思っていないが、今後が見えるかというと、怪しい部分もある」⑲

変わらなければ、後がない――。国枝はその決意のなかで格闘していた。

新しいスイング軌道が「天から舞い降りた」

不安定さは9月の全米オープンでも表れた。アルフィー・ヒューエットに1回戦負けを喫してしまったのだ。しかし、模範にしたいと持っていたヒューエットと対戦したことで大きなヒントが手に入った。国枝はそれを「天から舞い降りた」とも形容しているが、自宅のあるマンションのエレベーターのなかでシャドースイングをしていたときのことだったという。

「あることが閃いて、急激にこのスイングの意味が分かった気がした。翌日にコートへ出て打ってみたら、おもしろいように入った」[20]

それまでは新しいグリップにしても自信がなく、怖々と打っていた。つまり、全面的に新しいグリップに変えて打つことができなかった。試合をしながらの改造では仕方がないが、ここへ来て新しいグリップには新しいスイング軌道が必要なことがわかり、問題は一気に解決したのである。

最後の大会、世界マスターズではこの新しいストロークで臨んだ。結果は準決勝でゴードン・リードに敗れてしまったが、国枝にとっては実戦でも新しくつかんだことの正しさがわかった大会だった。

打法だけでなく、ラケットと車いすも替えた。ラケットは7月から試験的に使ってきたヨネックスと契約、同社の「Eゾーン98」でプレーした。より肘の負担が少ないラケットを新しく選んだのだ。新たな車いすは、オーエックスエンジニアリングの「TRZ国枝モデル」の8号機である。シートは樹脂で成型した国枝のお尻にぴったり合うもので、座面も3センチ高くした。バックサイドのハイボールを叩きつけられるように改良した。

製作した安大輔が説明する。

「車いすを体で操れるようにできています。上体を右に左に傾けるだけで方向が自在に変わる。リムで操作する必要がないほどで、手が自由に使える分、より柔軟に打球に対応できますね。アルミでない素材も使い、2キロ軽くしました。さらにスピーディに動けます」

２０１７年は参加したすべてのグランドスラム大会に敗れた。負け続けた1年だったが、その敗戦はすべて将来のための布石となった。世界ランキングは10位まで落ち込んでいたが、7位まで浮上することができた。翌２０１８年に向け、希望ばかりのシーズン終了となったのである。

第11章 新しい時代のテニスへ
——健常者と車いすのダブルス

「ただでさえ難しいテニスを、車いすで行う彼らには感銘を受ける」

ロジャー・フェデラー

さらなる高みへ——新たなコーチとの船出

国枝は孤高の剣豪、宮本武蔵のようだと思うことがある。剣術のために身を削るようにして鍛えた求道者のような姿。武蔵が己のすべてを刀に捧げたように、国枝はラケットに己の思いを込める。

そんな国枝のラケットから、2017年の復帰時に「俺は最強だ！」のシールが剥がされたことがある。肘痛の再三の発症で己を最強とは思えなかったこともあるが、挑戦者でいたいという気持ちがあったのだ。しかし、負け続けてはいても「俺は最強だ！」と思うことだと、再びラケットに貼り付けた。2018年、国枝のラケットにはその文字が輝きだしていた。

正月明けの9日から始まったシドニー国際選手権。国枝はルーキーのような新鮮な気持ちでコートに立った。前年の暮れ、2年ぶりに大晦日まで怪我なくフルに練習を追い込めた。その新打法を遂に試すときがやってきたのだ。

2回戦を勝って準々決勝はグスタボ・フェルナンデス。第1セットを取られたが、第2セットは1ゲームも与えず、ファイナルセットを6－2で勝利した。肘の痛みもなく、ウイニングが決まる。準決勝で眞田卓を破ると、決勝はアルフィー・ヒューエット。新打法のきっかけを与えてくれた選手を相手に、国枝は6－4、6－4とショットだけでなく、さらにタフになったメンタルを持って勝利した。

そして2年ぶりに迎えた全豪オープン。1回戦で強豪のゴードン・リードをストレートで下す。動きの切れ、ショット、精神力のすべてで国枝が上回った。試合後、国枝は打法改造の成否について確信したかのようにこう話した。

「バックハンドに自信がつき、ほかの動きに時間を割けるようになった。（中略）ようやく時計の針が動いた」①

準決勝はステファン・オルソン。彼もまたストレートで破った。決勝はステファン・ウデ。これまで52回も対戦した宿敵、相手に不足なしだ。

そのウデをフルセット、2－5の絶体絶命から追いつき、タイブレイクの末に倒した。激闘だった。勝った瞬間叫び、涙を流した。3年ぶり9度目の全豪オープン優勝である。試合後、こうコメントした。

「自分を信じることができた。勝利への執念が実を結んだ」②

手術後、ついにグランドスラム大会に勝った。2015年の全米オープン以来、2年半ぶりのタイトル獲得。引退さえ頭によぎった男が不死鳥のごとくよみがえった瞬間だった。それも一度でなく、二度までどん底に落とされた男が再生したのだ。

この後、国枝は長年のコーチ、丸山弘道と別れ、さらなる進化を求めて岩見亮に白羽の矢を立てた。岩見は国枝の6歳歳上、小柄な体で世界を転戦してきた強者だ。TTCで練習しているため、二人は以前から顔見知りだった。岩見が現役を引退したこともあり、国枝は彼の巧みな戦術を吸収することで、新しい自分のテニスを構築できるかも知れないと期待を抱いたのだ。

「まだ足りないものがある」

新しいバックハンドを作り出せた今、さらなる進化はこれまでの自分が知らない世界、現代の健常者のテニスである。それがわかれば、車いすテニス界で、世界の強豪たちを相手に勝ち抜くことができると考えた。もちろんその先には東京パラリンピックがある。

常に一歩も二歩も先を行きたい。先を行くテニスがしたい。そのための新しい環境作りだった。

国枝はワールドチームカップで日本を3度目の世界一にすると、次は全仏オープンに挑んだ。1回戦でステファン・オルソンを、準決勝ではゴードン・リードに圧勝し、決勝はグスタボ・フェルナンデス。第1セットを一進一退の攻防からタイブレイクで競り勝つと、第2セットではワンゲームも与えずに圧倒した。苦手なクレーで最強のテニスを見せた。3年ぶり7度目の優勝を成し遂げた。準決勝後のコメントには自信がみなぎっていた。

「ケガする前の僕も、今のレベルではなかった。間違いなくそれ以上になっている。今のところこれまでのキャリア最強だと思う」③

岩見コーチと考えた戦術もズバリとはまった。この全仏オープンの優勝で、国枝は世界ランキング1位に返り咲いた。2016年2月以来だった。

次なるグランドスラムはウインブルドン。何としても勝ちたかったが、あまりに芝が重かった。動きが遅くなり、フェルナンデスのパワーに押されてウィナーを取られ、フルセットを5－7で惜敗。試合後の談話には悔しさが滲み出た。

「(芝攻略という難問に) モチベーションをかき立てられる。(中略) やっぱりウインブルドンで勝ちたい。(中略) 取らずにはやめられない」④

最後のグランドスラム大会、全米オープンは得意なハードコートだけにもちろん、勝つつもりだった。しかし決勝で絶好調のアルフィー・ヒューエットに3－6、5－7でやられてしまった。

「相手が良かった。最後は競ったが、すがすがしくやられたなという感じ。（中略）全米で、決勝の舞台、勝ちたい気持ちは強かったが、まだ足りないものがあるということ。そこには真摯に取り組みたい」⑤

試合後にこう語ってシーズンが終わった2018年、世界テニス連盟が選ぶこの年の車いすチャンピオンは国枝に決定した。2007年に初選出以来8度目の授賞。目標にしているタイトルだけに嬉しかった。

チャリティーマッチでフェデラーと「夢」の対戦

2019年は快進撃が予想されたが、1月の全豪オープンは41度の猛暑の中、ステファン・オルソンにフルセットの末に敗れた。前年から天皇皇后杯となったジャパンオープンは、ステファン・ウデを7－6、7－5の大接戦の末に振り切り優勝。誇らしい思いでカップを掲げた。しかし、全仏オープンは準決勝でゴードン・リードにフルセットの末、敗退した。試合中ずっと風が強く、雨も強く降って中断。ボールが風の影響を受け、赤土がさらに重くなった。

7月のウインブルドンは決勝に初めて進出。相手はグスタボ・フェルナンデス。国枝は上手く芝に対応できたが、パワーで押され、フルセットの末に敗れた。タイトル奪取は翌年に持ち越された。

こうして19年のグランドスラム大会は全米オープンだけとなった。ところが何と1回戦でアルフィー・ヒューエットに敗れてしまったのだ。

グランドスラム大会をひとつも獲れず、結果だけを見るとひどい1年のようだったが、その他の大会で優勝し、自己ベストの年間9勝を挙げた。この中には、スーパーシリーズのブリティッシュオープンや全米車いす選手権、年末の世界マスターズなどが含まれている。10月には日本初開催となった楽天ジャパンオープンで、国枝は日本のテニスファンの前で奮戦、見事な優勝を遂げている。翌年の東京パラリンピックに向け、決して悪くないシーズンだった。

そしてこの年、国枝にとって忘れられない思い出となるのが、ロジャー・フェデラーとのイベントだっただろう。フェデラーは国枝が尊敬し続けてきた世界最高のテニスプレーヤー。国枝の3歳年上であり、フェデラーもまた国枝を認めている。ともにユニクロと契約しており、10月14日、有明コロシアムで実施された「ユニクロ・ライフウェア・デイ東京」というチャリティ・イベントに参加した。

オープニングセレモニーの前に、司会者から今日やってみたいことを聞かれた国枝は、フェデラー選手とプレーしてみたいと返答。するとフェデラーがおもむろに登場した。もうひとり、ユニクロと契約しているゴードン・リードも加わって、豪華なラリーが披露された。

国枝とリード、対面にフェデラーという2対1の打ち合いとなった。練習とはいえ、国枝はショットに熱がこもってくる。世界最高の選手とのラリー。国枝がフェデラーを相手にウイニングショットを放つと、観客から大きな拍手と歓声が湧いた。

その後、今度はフェデラーがゲストを呼びたいというと、そこに登場したのが日本を代表するプロテニス選手の錦織圭と、2メートルを超える長身と時速250キロに迫る超高速サーブで知られるアメリカのプロテニス選手ジョン・イズナーだった。錦織はケガのため主審席に上がると、その場でフェデラー・国枝組対リード・イズナー組のダブルスマッチが行われたのだ。スタジアムは興奮のるつぼと化したが、最も興奮していたのは国枝だったに違いない。

「難しいテニスを車いすで行う彼らに感銘を受ける」

突然のエキシビジョンマッチは10ポイント先取のタイブレイクで行われた。楽しませながらのマッチは10－9でリード・イズナー組が勝利。惜しくもフェデラー・国枝組は敗れたが、チャンスには二人揃ってネットに出たりと、息の合ったプレーを見せた。試合後、車いすテニス選手とのラリーはこれが初めてだったというフェデラーはこう語った。

「ただでさえ難しいテニスを、車いすで行う彼らには感銘を受ける。一緒にプレーできて非常に光栄だった」⑥

一方の国枝のコメントからもその感激ぶりが伝わってくる。

「今日の瞬間を生涯忘れない。彼は自分にとってのアイドル。自分も彼のテニスを見て、テニスをさらに好きになった一人」⑦

国枝にとって、テニスを辞めずに続けて良かったと思えたひとときだっただろう。

健常者のテニスプレーヤーと車いすテニスのプレーヤーのダブルスは、「ニューミックス」と呼ばれている。現在、テニスのグランドスラム大会はシングルス、ダブルス、ミックス（混合）ダブルスの3種目に、ようやく車いすテニスが連動して4種目になったが、将来、このニューミックスダブルスが加わるかもしれない。いや、障害を抱える人たちと健常者の分け隔てのない社会を理想とするなら、ニューミックスは当然あるべきテニスの新しい種目だと筆者は考える。ウインブルドンのセンターコートで、フェデラー・国枝組が優勝したら、世界のテニス界はどれほど盛り上がることだろう。

欧米は、日本よりもはるかに健常者と障害者の区別がない。同じように生活できるような街づくり、家づくりが徹底されている。そうした環境のもとで育ったフェデラーだからこそ、車いすテニスをテニスの1種目として完全に認め、車いすテニスプレーヤーの尋常でない動きに敬意を表している。セルビアのチャンピオン、ノバク・ジョコビッチも、車いすを自在に動かす国枝慎吾の動きを「アメージング」と感嘆し、国枝が車いすテニスの長い歴史をつくったことに敬意を表したことがある。

日本の錦織圭も、自分が最も尊敬する選手として国枝の名をあげ、その精神力の強さを称えている。実際、2022年1月に痛めた股関節節を手術し、復帰に向けてリハビリを続ける錦織は、ユニクロが特別に製作した国枝のイラスト入りのTシャツを着てトレーニングに励む様子を自身の公式アプリで公開している。

コロナ禍のチャレンジ――ダイバーシティー（多様性）なテニスへ

東京オリンピック・パラリンピック・イヤーである2020年。1月の全豪オープンはいつものように開催され、オフにパワーアップした国枝は鋼のような強さを見せていた。

1回戦はサーブ好調のニコラ・パイファーと競り合いながらも突き放す。準決勝は躍進著しいアルフィー・ヒューエットに対し、「今大会のヤマ」と気を引き締めてプレー、6－3、6－3で一蹴した。決勝はユニクロのイベントでも一緒だったゴードン・リード。国枝が前年に最多勝を飾りながら、グランドスラム大会で勝てなかった相手だ。20年はこの大会から勝って勢いをつけたい。

　ゲームが始まると、オフで改良したパワフルなショットが炸裂、リードを追い詰める。第1セットを6－4で取るや、次も隙を見せずに6－4で振り切った。全豪オープン10度目となる久々のシングルス優勝だった。

　ところが、人々の日常生活を一変させる脅威が世界をおそった。世界保健機関が1月30日、「公衆衛生上の緊急事態」を宣言するに至った、新型コロナウイルス感染症の世界的大流行である。全仏オープンが秋へ延期となり、ウインブルドンは中止となった。そして、夏の東京オリンピック・パラリンピックまでが翌年に順延となったのである。

　あらゆるスポーツイベントが開催をとりやめるなか、日本に待機しなければならなかった国枝は、国内のテニス選手に呼びかけ、6月にTTCで「チャレンジテニス」を開催した。みんなが沈んでいるときこそ、何かやらなくてはと、国内トップ9名＋車いすテニス2名でエキシビジョンマッチを行ったのだ。その中にはダニエル太郎・荒井大輔組対西岡良仁・国枝慎吾組のニューミックスダブルス対決もあった。無観客で行われたが、大会の模様は放送された。

　またこの年、TTCが10月に「WJPチャレンジテニス」（BNPパリバ提供）を主催した。これは車いすテニスのジュニアとプロテニスプレーヤーが集まってのテニス

ダニエル太郎（1993～）日本の男子プロテニス選手。2009年にプロ入り。2018年、ATPツアーで日本人としては4人目となる優勝を果たした。

荒井大輔（1988～）日本の男子車いすテニス選手。右足の先天性の病気で2歳から義足で生活。25歳から車いすテニスを始め、2019年には6大会のシングルスで優勝。

西岡良仁（1995～）日本の男子プロテニス選手。2014年からプロとなり、同年の仁川アジア競技大会シングルスで日本人として40年ぶりの優勝。2018年のATPツアーではシングルスで日本男子史上5人目の優勝を果たす。

大会で、ダイバーシティ（多様性）への理解を深める目的がある。ジュニアとプロ、車いすテニスと健常者の対戦の他、ニューミックスも行われ、テニスの新しい可能性を表した。

2チームに分かれた団体戦で、荒井大輔チームにはクアードの宇佐美彗や美濃越舞ら9人、松井俊英チームには齋田悟司や国枝の後継者と目される小田凱人、川合雄大、JWTAナショナルチーム監督・中澤吉裕の9人。勝敗は荒井チームが終始リードして優勝したが、大会意義はそこにはない。

大会委員長も務めた美濃越と中澤はあえて車いすに乗って車いすテニス選手とプレーした。美濃越は「TTCでいつも車いすテニスを見ていてイメージできていたが、実際にやると本当に難しかった」と語り、優勝チームの松井は「コロナ禍でこうした大会ができたのはとても有意義。続けて行きたいです」と述べた。関東のテニストレーニングのメッカ、国枝を輩出したTTCはテニスの普及のためにさらに努力・発展していきたいと考えている。

目標は東京パラリンピック

国枝は7月に大洗ビーチテニスクラブへ、自分を育ててくれた名トレーナーであるホルスト・ギュンツェルに会いに行き、彼が教えている車いすテニスのジュニアたち

宇佐美彗（1990〜）日本の男子車いすテニス選手（クアードクラス）。2019年にツアー初優勝。日本代表に選出され、同年のワールドチームカップ（国別対抗戦）クアードクラスのメンバーとして日本代表初優勝に貢献した。

美濃越舞（1992〜）日本の元女子プロテニス選手。2011年の高校卒業と同時にプロ入り、2017年のかしわ国際オープンシングルスで優勝。2021年に現役を引退。

松井俊英（1978〜）日本の男子プロテニス選手。2000年にプロ入り、4大大会ではウインブルドン予選準決勝に進出（2006年）、アジア大会では銀（2006年）、銅（2010年）を獲得した。

の特別コーチを買って出た。「子供たちの喜びは半端じゃなかったです」と話すのはクラブの平野徳浩支配人兼コーチ。このクラブは平野の熱意によって「大洗から世界で活躍する選手を」のスローガンを掲げ、様々な努力を行っている。この様子は次の章で紹介しよう。

この年の全米オープンは、徹底したコロナ対策の下で実施された。入国の際にPCR検査を行い、選手は隔離されてホテルと会場の往復だけという、いわゆるバブル方式だ。会場は人がまばら、レストランもビュッフェではなく、スマホから対面せずにオーダーするという徹底ぶりだ。国枝は自身のFacebookに「普段からあんまり出歩かないタイプなので、テニス会場とホテルだけの生活は私にとってNoストレス」だったと書き込んだ。

そうした中で、国枝は1回戦でニコラ・パイファーにストレート勝ち。準決勝のヨアキム・ジェラードはフルセットの末に破り、決勝はアルフィー・ヒューエット。6－3のあと3－6で取り返され、ファイナルセットは一進一退。タイブレイクの末に打ち勝った。試合後、国枝は次のように話した。

「タフな試合だった。彼にもたくさんチャンスがあったが、最初から最後までメンタルのコントロールがうまくいったことが勝因」⑧

全米オープンでの5年ぶり7度目の優勝を飾った。これで4大大会24回目のシング

小田凱人（2006〜）日本の男子車いすテニス選手。9歳で骨肉腫を発症し、左足の自由を失う。10歳から車いすテニスを始め、2021年、史上最年少（14歳11か月）でジュニア世界ランキング1位となる。2022年、15歳でプロ宣言した。

川合雄大（2004〜）日本の男子車いすテニス選手。生まれつき下肢に障害があり、6歳から車いすテニスを始める。2017年ジュニア日本ランキング1位。2021年のワールドチームカップ（イタリア）ではジュニアクラスで優勝を果たした。

ルス優勝となった。

10月に延期された全仏オープンで、国枝は準決勝でヨアキム・ジェラードに敗れた。敗因は全米を終えて帰国し、クレーコートでの練習が足りなかったこと。パリでの前哨戦にも出られず、コロナによる制限されたツアー生活が準備不足につながった大会だった。

12月、正月明けの試合のためにオーストラリアに渡った国枝は、2週間の隔離生活を余儀なくされる。この間、1日5時間をコートとコートサイドで過ごした。練習相手はユニクロブラザーズのゴードン・リード。ホテルではアニメを見たり、ゲームをやって過ごした。英語の勉強もやったそうで、さすが努力の人である。

こうしてコロナは依然終息しないまま、国枝は順延のオリンピックイヤーへと向かったのだった。

第12章 車いすテニスの革命——前人未到の生涯ゴールデンスラム達成

「何度も〝自分はできるんだ、俺は最強だ〟と言いきかせますけど、心の奥底では疑う自分がいた。その戦いはありました。そこに打ち勝った」

国枝慎吾

フォームが定まったのは開幕一週間前——東京パラの重圧

新型コロナによる延期で新たにオリンピック・パラリンピック・イヤーとなった2021年、国枝は年明けから調子が上がらなかった。全豪オープンは台頭著しいアルフィー・ヒューエットに準決勝で敗れてしまう。オフの間に強化したサーブが決まらなかったからだ。でも試合の後、こう言ってのけた。

「負けるとやる気が出る。勝っていると緩んでしまう。負けることも必要」①

続くグランドスラム大会、全仏オープンでもヒューエットに圧倒されてストレート負けを喫する。好調なヒューエットについて試合後、国枝は彼が東京パラ最大の壁になるかも知れないと警戒心をあらわにした。グスタボ・フェルナンデスも調子を上げてきた。彼もまた要注意選手だ。

そして、ウインブルドン。パラ前、最後のグランドスラム大会だけに、勝って弾みをつけたい。車いすも東京パラ用に「TRZ国枝モデル」12号機を新調した。少し座面を下げて、打ちやすさを追求したモデルだ。

ところが初戦の準々決勝で、ゴードン・リードにファイナルセットで逆転負けを喫してしまう。ゲームを目撃していたテニスライターの秋山英宏は「バックハンドで攻めあぐね、リズムを失った」と分析、東京パラに向かい不安がよぎる。パラの選手団団長に指名され、責任感の強い国枝は重圧を感じ出していた。

その重圧は、全豪、全仏、全英（ウインブルドン）と連敗を重ねるなかで、焦りに変わっていった。眠れない日もあったという。バックハンドに迷いが生じた。試合の度に打ち方を変えるなどしたが、一向に良くならない。コーチらとの試行錯誤の末、ようやくフォームが定まったのは東京パラが始まる1週間前だったという。

薄氷を踏む思いの最中、8月27日に東京パラリンピックが開幕した。ヒューエットは国枝より13歳も若い23歳、フェルナンデスは10歳若い27歳、リードは29歳だ。自分は37歳になる。若く勢いのある選手たちに勝てるのか。常にライバルたちに一歩二歩先を見て進化してきた技術・戦術が、肘痛でストップしていたことは事実。不安は募る一方だったろう。

9年ぶり3度目のシングルス金メダル

しかしいざパラリンピックが始まってみれば、国枝は一球に全精力を集中した。準決勝でステファン・ウデを破るや、準決勝でゴードン・リードを一蹴する。決勝はトム・エフベリンク。幸運にもヒューエットとフェルナンデスはすでに姿を消していた。もちろんエフベリンクも28歳の若手。決して油断できる相手ではない。国枝の高い集中力はキープされたままだ。緊張感を集中力に変換できるのが国枝のすごいところ。これまで培ったメンタルコントロールが完全にできていた。

エフベリンクの高速豪球サーブを巧みにリターンし、逆に攻撃に転じる。バックハンドも冴えた。磨き上げた三手詰めテニスで追い込む。果敢にネットに出てボ

レーで仕留めた。6－1、6－2の圧勝！ エフベリンクのフォアがネットを越えずに優勝が決まった瞬間、国枝は雄叫びを上げ、涙が一気に溢れ出た。大きな日の丸の国旗を背負って広げ、泣きに泣いた。試合直後の会見で、こう話している。
「本当に信じられないの一言です。勝利の瞬間はそう思いましたし、マッチポイントは全然覚えてないです。最後の瞬間は全然思い出せない。それぐらい興奮した瞬間だった。一生分泣いたし、もう枯れましたね」②
9年ぶり3度目となるパラリンピックのシングルス金メダル。アテネのダブルス金メダルを加えれば、4個目の金メダル。前人未踏の偉業達成である。そのことを問われると、「オレは最強だ！」のフレーズとともに鋼のようなメンタルをつくりあげてきたかに見える国枝が、こんな本音を漏らした。
「一度リオで挫折を味わってる。まさかこうして金メダルをまた首からかけられるのは、北京、ロンドンとは全然違う。（中略）勝つむずかしさを年々感じていますし、何度も〝自分はできるんだ、俺は最強だ〟と言いきかせますけど、心の奥底では疑う自分がいた。その戦いはありました。そこに打ち勝った」③
誰だって自分のなかに「弱さ」を抱えている。それは国枝も同じなのだ。大事なのは自分の「弱さ」を自覚し、それに打ち勝つための努力を続けることだ。「弱さ」に打ち勝つ努力を日々、愚直に続けてきたからこそ、手にした金メダルだったのではないだろうか。

　その姿を見て、自分もテニスをやろうと思った子供たちはたくさんいたはずだ。57年前の東京オリンピックでも多くの子供たちが金メダリストのプレーに憧れ、アスリートを目指した。今回の国枝の金メダルもまた、彼が目指す車いすテニスの普及に貢献することは間違いない。

　再三の肘痛と手術。引退を覚悟しながらあきらめず、新打法に挑戦し、不安に立ち向かって精一杯のテニスをした。勝負を越えた悟りの境地が、空前絶後の金メダルをもたらしたと言っても過言ではないだろう。

パラスポーツにとって「革命的な出来事」

　自分が生まれた国・日本の東京で開催されたパラリンピックで金メダルを獲得した国枝は、すぐにアメリカに飛んでいった。全米オープンに出場するためだ。筆者は東京パラで優勝したら、引退するのではと思っていた。生涯最高の重圧を乗り越え、目標を達成し、解放されたのだ。これを機に現役生活を退き、休ませてくれと言ってもおかしくなかった。しかし国枝は引退どころか、まだまだテニスを続ける気でいた。

　国枝が所属するユニクロは、東京パラ金メダルの偉業を「パラスポーツの地位向上、パラスポーツが純然たるスポーツビジネスとしても、十分に成立し得る可能性を示した革命的な出来事」と称え、国枝に特別報奨として1億円をプレゼント。また、車いすテニスを含めたパラスポーツイベントの開催など、将来パラスポーツを志す子どもたちに夢と希望を与える活動を国枝とともにやっていくとも表明している。その際のプレスリリースには、国枝のこんなコメントが記載されている。

「この報奨に恥じぬよう、これからも良いパフォーマンスを継続していきたいと思っています。ユニクロから提案された、将来のパラスポーツを志す子どもたちへの支援活動は常々したいと思っていたことなので、これも本当にうれしく、楽しみです」④

プロになった年に契約したときの期間は2年間。その契約がもう10年以上も続いている。国枝の車いすテニスにかける思いは、金メダル獲得よりも遙かに遠いところにあった。

全米オープンで、国枝は東京パラで対戦できなかったアルフィー・ヒューエットを決勝で圧倒する。重圧から解放された国枝は、伸び伸びと自分のプレーができた。2年連続8度目の全米制覇だった。

さらに年が明けた2022年の全豪オープン。この大会でも決勝でヒューエットをフルセットの末に撃破した。まだまだ若い選手には負けられない、王座は渡さないという、絶対王者の勝ちっぷりだった。実はこのころの国枝は、東京パラでのあまりに大きな達成感から、モチベーションをどう保つかに苦心していたという。その一端が試合後のコメントににじんだ。
「戦いの場に自分の身を置くことにしんどさを感じている。（中略）試合になると負けたくないいって気持ちは湧いてくる」⑤
これで全豪オープンの優勝はなんと11度目、グランドスラム大会としては26度目の制覇となった。

大洗ビーチテニスクラブの風景——障害者の個性に合わせた指導

東京パラリンピックから半年後、筆者は茨城県大洗での車いすテニス大会、それも東日本のジュニアが多く集まると知り、観戦に行ってみた。大会名は「大洗町長杯車いすテニストーナメント」。会場は、茨城県最大の海水浴場として有名な大洗海岸にほど近い、大洗町ビーチテニスクラブだ。

子供たちを乗せたワンボックスカーが続々と到着する。東は仙台、西は名古屋から。子供たちは車いすを日常生活用から競技用のものに乗り換え、コートに向かう。顔見知りも多いのか、会場ではにぎやかな話し声にあふれ、みな笑顔で明るい。楽しい雰囲気で車いすテニスっていいなと思ってしまう。

このテニスクラブはコートが6面（内2面はインドア）あり、車いすテニスだけでなく一般のテニスプレーヤーも練習する。経営責任者でコーチでもある平野徳浩が情熱を込めて整備し、レッスンを行っている。車いすテニスの選手が利用しやすいよう、バリアフリーでトイレは広く、コートのドアなども広い。自然に囲まれた素晴らしい環境だ。国枝を指導した名トレーナーのホルスト・ギュンツェルが週2回、車いすジュニアを教えていることもあり、国枝も訪れてジュニアを指導したこともある。

この大会はかつてTTCで車いすテニスのレッスンをしていた山口憲一郎が大会委員長となって始めたもので、大洗に移って3回目となる。開会式は、選手たちがひとつのコートに集結する。その早いこと早いこと。我先にと競技用車いすでビュンビュン飛ばして駆けつける。見ていて気持ちがいい。

その山口が言う。

「自分が車いすテニスに関わったのはTTCで當間寛さんというクアードの選手のコーチをしてからです。握力がないので手にラケットをテープで固定し、電動の車いすを動かしてショットを放つ。汗をかけない体なので、体温調整のため霧吹きしながらプレーしていく。驚くとともにどう教えたらいいのかわからず、當間さんに『あなたは何ができるんですか?』と聞いたんですね。でもそれがきっかけで、彼は僕をコーチにしたいと思ったようです。『残されたものを最大限に生かせ』というグットマンさんの言葉を行う人だと。當間さんはパラリンピックを目指し、アテネの代表になりました。その時の経験から一人ひとりに適した指導をしなければならない。一人ひとり、

當間寛（1966〜）　日本の男子車いすテニス選手。19歳のときに交通事故により左足切断、頸椎損傷により車いす生活に。22歳から車いすテニスを始め、クアードクラスで日本マスターズ優勝、日本代表としてアテネパラリンピック出場。

汗をかけない体　脊髄損傷や脳性まひなどにより、発汗による体温調整機能が働かなくなるケースがある。暑くても自然に汗が出ないため、体温が高温にならないよう汗の代わりに霧吹きで水をかけたりして冷やす必要がある。

第3回 大洗町長杯 車いすテニストーナメント2022

大会の模様

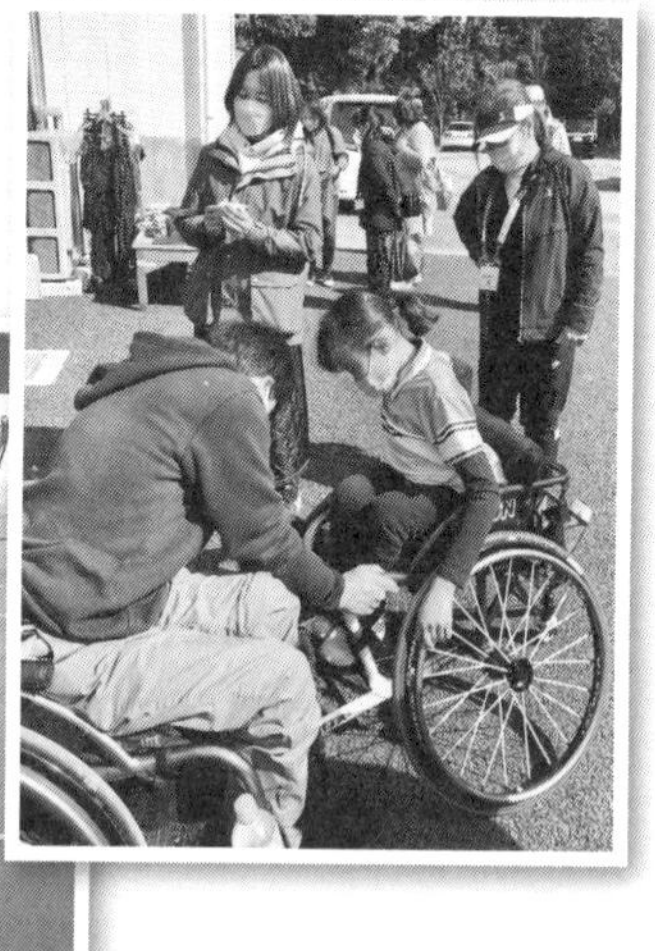

大洗町ビーチテニスクラブ提供

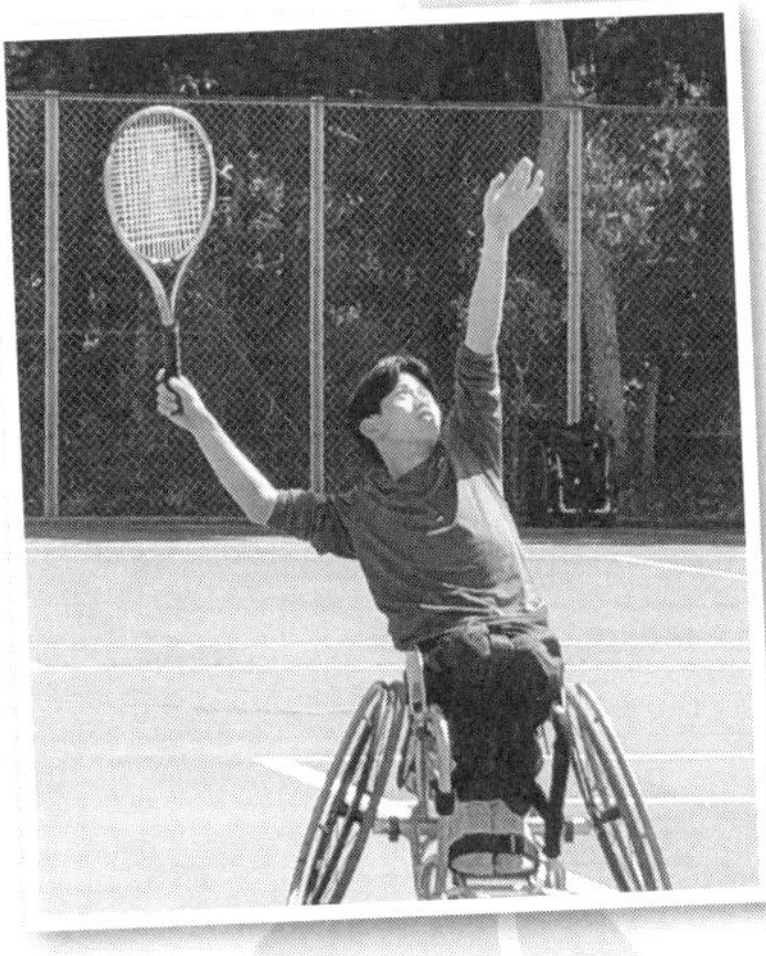

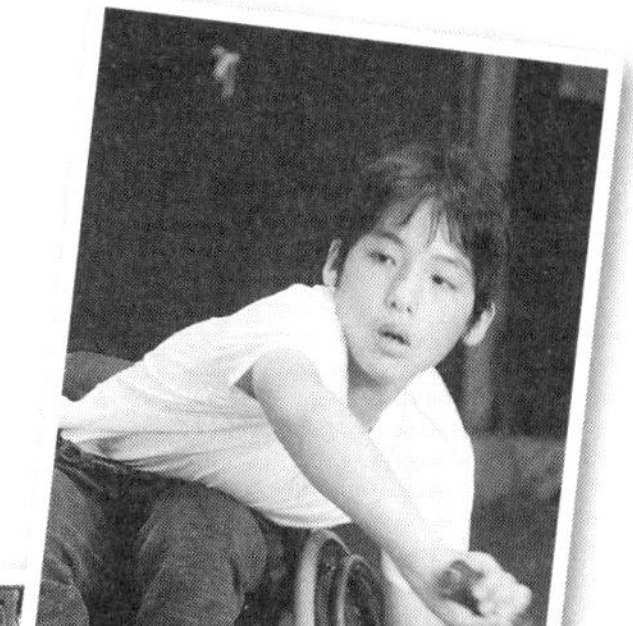

賞状
準優勝
賞状
優勝

個性も目的も違う。100人に100通りの提案ができるコーチになろうと思いました。そして、原点は『テニスを楽しもう』です。車いすテニスの人はもちろん、80歳からテニスを始めた人にも、『楽しい』をモットーにしてもらいたいと思っています。それは練習、試合ともにですね」

「国枝さんみたいに強くなってパラリンピックに出たい」

人の気持ちを思いやれるコーチ。その山口が大会委員長を務めるのだ、温かく楽しい大会なのは間違いない。

試合が始まる。子供たちが賢明にボールを追いかけ、ショットする。両親もうれしそうにそれを見守る。車いす生活を余儀なくされた子供たちが元気はつらつと、大空の下で精一杯のプレーをしていくのだ。最近は家庭用ゲーム機が流行りで、プロの大会まである。ゲームでは部屋に閉じこもってしまいがちだが、こうして戸外で思いきり汗をかくことも、子どもには必要だろう。

試合の合間をみて、車いすテニスの子供たちに話を聞いた。ジュニアクラスで優勝した千葉県の橘龍平は中学2年生（取材時。以下同）。アドミラルの白のウェアに白の帽子でコーディネイト、実力だけでなくお洒落でもピカイチだ。

「小1のときに2歳上の吉田有悠くん（今大会にも出場）に誘われてテニスを始めまし

た。ショットが決まったときが気持ちよくて好きになりました。大会に出ると同じくらいの年の子といろんな話ができて楽しいです。得意はサーブとフォアハンド。国枝さんみたいに強くなってパラリンピックに出たいです」

週に4〜5回、坂口剛が主宰する浦安テニスクラブ（以後、浦テク）で練習。腕を上げていった。

そんな「龍ちゃん」をライバル視しているのが仙台の門脇圭祐、中学2年生だ。受け答えがしっかりしている賢い子である。

「テニスを始めた小学1年生のときに仙台オープンで国枝さんにお会いして、僕のへなちょこボールを受けてくださってとても楽しかったんです、あんな人になりたいなと思いました。カッコ良くて、やさしくて。国枝さんって負けているときでも何とか挽回するじゃないですか。僕もそうなりたい、メンタルに強くなりたいです。いくらリードされてたって絶対に諦めない。ジュニアランキングを上げて海外に行ってみたいです」

週に4回の練習を欠かさず、大会にも積極的に出場している。

「負けてもいい。逃げてもいい。大事なのは（障害者が）好きなことを見つけること」

岩本希心《のぞみ》は小学5年生。まだ初心者だが、最近テニスの魅力にはまっている。教えるのは健常者のテニスをやっている兄だ。

「車いすで走ることやターンといった私の練習に付き合ってくれます。テニスはボールを打ったときの音が好きで続けて行きたいです。昨日はホルストさんからチェアワークを教えてもらいました。右に左に前後にとどんどん動かなきゃいけなくて、一生懸命ついていきました。将来はお兄ちゃんと試合をやって勝ちたいです。国枝さんは東京パラで見て格好いいなって。1億円もらっちゃったのも凄いです。作文に書いちゃいました」

希心が乗っている車いすは、国枝本人が誰でもスポーツを楽しめるようにと監修したオーエックスエンジニアリングの『ウィーゴー』。いろんなスポーツに対応できるキッズモデルだ。軽く動けてターンも直進も思いのまま。デザインもカラーも可愛い。学校生活でも使える楽しい車いすである。彼女もまた、浦テクで練習している。

浦テクを主宰している坂口剛にも話を聞くことができた。坂口が車いすテニスを知ったのは国枝が北京パラリンピックで金メダルを獲ったときのこと。当時5歳だった息子、竜太郎にテニスをさせたいと思ったからだ。竜太郎は車いす生活をしていた。

「すぐにＴＴＣに行って、初めて国枝さんとお会いしました。このとき息子と遊んでくれたんです。誰とでも分け隔てなく接する素晴らしい人だなと思いました。金メダリストであることを鼻にかけることなどまったくなかった。そこからです。近くに車

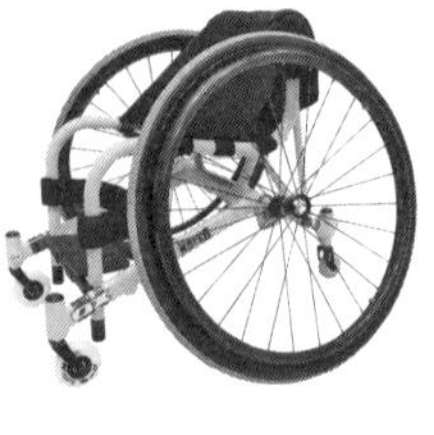

子供用スポーツ車いす
WeeGO（ウィーゴー）

オーエックスエンジニアリング社提供

いすテニスを教えてくれるところがなかったので、私が息子と近所にいた佐原遙香に公園でテニスをさせたのです。ホームセンターで玩具のラケットを買って、テニスなどしたこともない私が教えたわけです。小さな子供にスポーツを教えるのは親がやることですよね。遠くまで行ってコーチに習うというのはずっと先のことだと思っていました」

その竜太郎は今や大学生。ジュニア時代まではテニスをしていたが、勉強に集中するためラケットは一時置いている。もうひとりの佐原は今や日本車いすテニス協会の次世代育成強化指定選手だ。この大洗大会でも女子のフリーのカテゴリーに参加していた。坂口が続ける。

「私がやっていることが口コミで広がって、うちの子供も見てくれと言う人が増えてきて、浦安テニスクラブになったというわけです。でも、同じ境遇の人たちが集まったクラブというだけで、自前のコートはありません。私営のコートは高いので、公営のコートを借りてみんなで練習しています。浦安市が協力的で車いすテニスのための市営コートを作ってくれて助かってます。親はどうしても自分の子供を贔屓《ひいき》してしまいますので、今ではプロのコーチにお願いして指導してもらっています。とはいえ、遠くから通うのでは大変です。なるべく近所で、子供が車いすテニスをできるような環境になって欲しいと思っています。少しずつですが、あちらこちらに増えてきました。車いすの子供たちへの認識が健常者の人たちに広まっていくことで、彼らはマイノリティでなくなるはず。その願いだけで一心にやっています」

世の中には凄い人がいる。自分の子供のためだけでなく、大勢の子供のために坂口は頑張っているのである。トップのアスリートばかり見ていたのでは、やがて日本のスポーツは廃れてしまうだろう。

坂口は最後にこんなことを言った。

「うちの息子は今回の大会、負けちゃうから行かないと言いました。私はそれでもいいと言いました。逃げてもいいんです。逃げ道を与えてあげるのも親の役目だと思っています。国枝さんの『俺は最強だ！』は国枝さんだからこそのスタイルです。誰もが国枝さんのような才能はありません。負けてもいい、逃げてもいい。それで自分のアイデンティティが保てるならそれでいい。息子はテニスよりも勉強を選んだようです。好きなこと、やり甲斐のあることが見つけられれば、それが一番いい。テニスをやった成果はそこにあると思います」


「親友は勉強でがんばってる。私はテニスでがんばる」

選手ではなく、大会の手伝いをしている中学3年生の高室侑舞《ゆま》にも話を聞くことができた。侑舞は東京パラに出場した高室冴綺《さき》の妹だ。四人姉妹の長女と末っ子。

「小学3年生まで立って歩けたのですが、4年生から立てなくなって。ショックでしたが、一番上の姉も高校3年生から立てなくなったので、いつか私もこうなると覚悟していました。次女と三女は生まれつき立てないので今では4人とも車いすです。私は立てなくなるまでテニスをしていたので、すぐに車いすテニスに転向しました。2021年の都大会では健常者に混じって出場して、二人破りました。お姉さんのようにプロになって、一緒にパラリンピックに出たいです」

侑舞はすでにジュニアの日本代表選手だ。

「国枝さんのことはTTCで小さい頃から練習を見させてもらっていました。振る舞いや雰囲気に王者の風格があって近寄るだけで緊張しちゃいます。私はチェアを漕ぐのが下手なので、国枝さんのように全身を使って漕げるようになりたいです。学校の先生が『努力する人は応援してもらえる』とおっしゃるので、頑張りたいです。精神的に強くなりたいですが、国枝さんの『俺は最強だ！』は自分に向かないと思っていて、私の場合、試合でピンチになったら親友とお揃いの首にかけているペンダントを握って心を落ち着かせるようにしています。その子は勉強で頑張っているので、私はテニスで頑張って、応援してくれている人に恩返しがしたいです」

彼女が頑張っている姿は、きっと多くの人に感動を与えるに違いない。ちなみに高室侑舞は2022年に高校生となり、全米オープンジュニア大会で準優勝している。

テニスコーチが車いすテニスから気づかされたこと

最後にこの大会の大会事務局長であり、大洗町ビーチテニスクラブの運営責任者であり、テニスコーチの平野徳浩の話を書きたい。茨城県で生まれ育ち、このクラブでコーチをし始めて、このクラブをこよなく愛する1959年生まれのテニスマン。平野の人柄で多くの人がこのクラブに集まり、その人たちが彼と一緒になり、ボランティアでこの大会を運営している。

「若い頃は自分の手で世界的な選手を育てたいという夢を持っていました。しかし教えるうちに徐々に考えが変わって、一人ひとりに寄り添えるコーチになりたいと思いました。そのきっかけは車いすテニスの選手を指導するようになってからです。東京都障害者総合スポーツセンターに見学に行き、一口に障害者と言っても、一人ひとり違うことを知りました。その一人ひとりの考えや体力などを知ることから、最初の一歩が始まります。それぞれの人に合ったことをやりながら進んでいく。指導法のマニュアルなど、どこにもありません。でも考えてみればマニュアルで教えるほうがおかしい。だからこそ、勝ち負けは関係ないんです。大切なのはその人がテニスによって幸せになること。それを車いすテニスによって気づかされました」

そのために平野はクラブに常時競技用の車いすを用意し、車いす体験会もしばしば行っている。

「昨日、小学1年生の脳性麻痺の双子がやってきて体験会に参加しました。『テニスがやりたいやりたい』とご両親に訴えたそうです。二人とも大はしゃぎでテニスボールを握って離さない。これからもどんどん体験会をやろうと思います」

国枝が4個もの金メダルを獲ったことは凄いことだ。しかし、どれほど努力しても車いすを速く動かすことができず、ラケットを速く振ることもできない体に生まれてきた人もいる。誰もが同じ体を持った人間ではないのだ。

その人ができる精一杯を、どれだけ続けて頑張れるか。人間の価値はそこにかかっているといってもいい。国枝も十分にそのことを知っている。だからこそ、すべての車いすの人にやさしく、愛情があるのだ。そのうえで、さらに自分が先陣を切って、自分の人生を切り開けることを知って欲しいと思って頑張っているのである。

日本車いすテニス界の新星・小田凱人の目標は「国枝選手」

国枝の2022年は1月の全豪オープンに優勝した後、5月末に始まった全仏オープンが次のグランドスラム大会となった。国枝にとって苦手な赤土のクレーコートがサーフェスだ。

この年から車いすの全仏オープンは規模が拡大し、8ドローから12ドロー、つまり12人によるトーナメントとなった（全米オープンは16ドロー）。国枝はシード選手なので

2回戦の準々決勝からスタート。宿敵のステファン・ウデを6－3、6－2で破ると、次の準決勝は4月末にプロとなった現役高校生の小田凱人だった。21年4月に、14歳11ヶ月の史上最年少でジュニア世界一に耀いた逸材。当然目標は「国枝慎吾選手」である。歳の差23歳という注目の一戦となったが、国枝が6－2、6－1で小田に圧勝した。小田は試合後、悔しさをにじませた。

「強かった。このスコアで負けるのは経験の差、力の差を感じた。圧倒されてしまった」⑥

優勝だけを見据えてきただけに、このスコアでの敗戦はショックだった。もっとも技術の上での差を感じたのは、国枝が得意とするチェアワークだったという。しかし、国枝を倒さなければ優勝は手に入らないことを痛感した小田はさらに努力するだろうし、今後の対戦がますます楽しみである。

国枝の決勝の相手はアルゼンチンのグスタボ・フェルナンデス。28歳の伸び盛りに、国枝はこの年、ここまで1勝2敗と負け越している。アルゼンチンの選手は健常者でもクレーコートが得意だ。国枝の苦戦が予想されたが、第1セットは国枝が6－2で先取。第2セットも5－3とリードしてマッチポイントも握ったが、ここからフェルナンデスが開き直った。ラケットを振り切ってパワフルなショットを繰り出し、国枝は5－7と逆転されて落としてしまう。第3セットは一進一退の攻防となったが、粘り強く戦う国枝が大事なポイントを正確なショットで奪い、7－5で制して優勝を決めた。2時間41分の激闘だった。

4年ぶり8度目の全仏オープンシングルス優勝。4大大会27度目のシングルス制覇を果たした国枝は、天を仰いで両手を挙げた。

ウインブルドンについてのフェデラーの助言

次のグランドスラム大会は英国ウインブルドン。ロンドン、ノッティンガムの全英オープンからウインブルドンにシングルス戦が移って、6年目。未だそこでのタイトルが獲れていないだけに、国枝の勝利への欲求は半端ではない。

車いすテニスにとってウインブルドンの芝コートがいかに難しいか、国枝はかねがね語ってきた。2015年のインタビューでの発言がそれを象徴しているので引用しよう。

「車いすで芝の上を動くのは凄く難しいこと（中略）。バウンドがイレギュラーしやすいのが、芝の特徴なので、我々2バウンドまで許されていますけど、2バウンド目がよりイレギュラーしやすくなってしまう（中略）。ベースラインのあたりっていうのは、芝も剥げて土になっているんですけど、土がクレーの土より柔らかいんですよね。すると、後ろによりかかった時に後ろのタイヤで、土を掘ってしまうってところで、チェアがすごく不安定な状態でサーブを打たないといけなかったりする（中略）。1番はチェアが進まないといったところで、テイクバックを取る時間がなかったり、無理な体勢で打たされることが多くなってくる（中略）。それをどう対応していくかってところが重要になってくる」⑦

どのようにすれば獲れるか、国枝が敬愛するロジャー・フェデラーがアドバイスしている。2021年8月に国際テニス連盟（ITF）が動画サイトYouTubeの公式チャンネルで公開した、ゴードン・リードを交えたユニクロ所属選手同士のスペシャルトークセッションでのことだった。国枝が芝での戦い方に迷いがあると伝えると、フェデラーはこう話している。

「最高のディフェンスは攻撃に出ることだ。当然、攻めるということは多くのリスクを負うことになる。（中略）私の考えでは、芝のコートで後悔は許されない。最初の自分の判断で決めなければならない。『これに決めたけどミスになってうまくいかなかった』『でも大丈夫。またトライしよう』こう思うことでポイントを積み重ねる。何度も躊躇したり、判断を変えていたら、それは問題だ。（中略）例えばラリーを続けて相手を疲れさせるようなトップスピンが得意なプレーヤーは芝のような速いサーフェスには適さない。攻撃的なテニスをしたいのであれば、ゴードンがいったようにそれは可能だ。リズムを崩してネット際にプレーするなど、戦略はたくさんある」⑧

フェデラーは、車いすのスピードが遅くなる芝で、国枝がいつもの自分のテニスができず、ベースラインからの打ち合いではポイントが取りにくくなると分析したのだろう。チャンスだと思ったら積極的に飛びだしたほうが、結果的にポイントが取れて有利に立てるというわけだ。

2022年ウインブルドン――前人未踏の「生涯ゴールデンスラム」

こうして2022年のウインブルドンが6月下旬に開幕した。車いすテニスの部は7月に入ってから行われ、1回戦の相手はオランダの強豪、トム・エフベリンク。国枝は緊張から動きもショットも本調子ではなく、第1セットはエフベリンクが6－1と簡単に取るが、第2セットはタイブレークで落としてしまう。しかし、国枝が第3セットで調子を取り戻し6－1で制して勝ち上がった。

前回の2021年にはゴードン・リードに1回戦でフルセットの末に敗れた。このときは試合後、敗因をこう語っていた。

「芝の戦い方は、頭で理解していても実現できないもどかしさを感じた。強打するイメージだったが、スピンがかかりすぎた。3セット目から打っていくぞと言い聞かせたが、修正できなかった」⑨

しかし、今回は修正できた。ミスを怖れなかったから強打できたのだ。

2回戦の相手はベルギーのヨアキム・ジェラード。芝での動きがしっかりとでき、6－2、6－1のストレート勝ちを収めた。決勝はイギリスの若きエース、アルフィー・ヒューエットが相手だ。母国でローンコートでの練習をたっぷりと積んでいる。しかも38歳の国枝よりも14歳も若い24歳である。ホームでのプレーはヒューエットの有利に思えた。

第1セットのヒューエットは大声援を受け、チェアワークもショットも絶好調。特にバックハンドが素晴らしく、王者国枝を振り回して6－4で先取した。ヒューエットの好調さは第2セットも続き、あと2ポイントで勝利と優勝トロフィーは目前だった。しかしここで国枝は起死回生のフォアをクロスに叩き込む。たった1本のショットで形勢ががらり変わるのがテニスだ。一気に3ゲームを連取してこのセットを7－5と逆転して国枝がものにした。

これで第3セットは国枝のペースかと思いきや、ヒューエットが盛り返す。持ち前のパワーを生かし、ショットの球足が速い。国枝は拾いきれずにあっという間に2－5と追い詰められた。今度こそ絶体絶命だった。しかし、勝ちを意識したヒューエットがダブルフォルトを犯す。ほんの小さな心の隙を国枝は見逃さない。ここから抜群の集中力を発揮。ミスを怖れぬ大胆なネットプレーなどでエースを奪う。

手に汗握る攻防が続き、ゲームカウント6－6のタイブレークとなった。こうなれば経験豊富の国枝に分がある。最後はヒューエットのサーブに対し、フォアハンドで痛烈なリターンエースを見舞った。勝利が決まった瞬間、国枝はラケットを投げ捨ててガッツポーズ。笑顔が弾けた。

サーフェスの中では芝が最も苦手だった国枝。ウインブルドンの男子シングルスは2016年から開催されたが、これまで準優勝が最高だった。若くてパワフルな選手が台頭するなかで、ウインブルドン優勝は見果てぬ夢になりそうだった。しかし、何度もあったピンチを凌いで勝ち抜いた。鍛え上げた精神力が最後は自分を助けたのである。試合後の会見では、先に紹介したトークセッションでの、フェデラーからのアドバイスに言及した。

「彼（著注・フェデラー）は、そうだ、すべてのポイントを攻めるべきだ、と言いました。ミスをしても後悔しない。それが大事なんだと言いました」⑩

こうして国枝はグランドスラム（4大大会優勝）＋パラリンピック優勝という、前人未踏の「生涯ゴールデンスラム」を達成した。その道のりについての思いを、自身のFacebookにこう記している。

「2016年にウインブルドンシングルスが車椅子テニスでも開催されるようになり、最後に残っていたタイトルとなっていただけに、格別です。このタイトルを獲得しないままテニス生活が終わることも覚悟していました。昨年の東京パラの後、燃え尽き症候群気味になり引退を何度も考えましたが、続けて本当に良かった」⑪

引用文献一覧

序

① インタビュー「不安を抱えていた車いすの少年が、テニス界のレジェンドに。国枝慎吾選手が子どもたちに伝えたいこと」『HUFFPOST』2021年6月30日

1章

① 国枝愛インスタグラム　2021年8月11日

② 稲垣康介「〈現代の肖像〉プロ車いすテニスプレーヤー・国枝慎吾　世界最強の座はまだ譲れない」『アエラ』（朝日新聞社）2021年8月23日号

③ 「スマイルインタビューvol．61　国枝慎吾」『スマイルスポーツvol．61』（ベースボール・マガジン社）平成27年3月2日

④ 大石久恵（取材・文）「スペシャルインタビュー　プロ車いすテニスプレイヤー国枝慎吾」『あとぴナビ（アトピー性皮膚炎総合情報サイト）』（NPO法人ELH）2009年11月号

⑤ 吉松忠弘「『俺は最強だ！』国枝慎吾　「もう引退かも」から涙の金メダル返り咲き」『日刊スポーツ』2021年9月4日

⑥ 「車いすテニス国枝慎吾　引退覚悟した右肘の痛み――全てを捨てて、全てをつかむ」『スポニチアネックス』2020年1月2日

⑦ 「2大会ぶり金メダルの国枝『一生分泣いた』『自分のテニスに迷い。重圧あった』」『スポニチアネックス』2021年9月15日

⑧ 同⑦

2章

① 「日本スポーツ学会大賞受賞講演　第2回　国枝慎吾」『スポーツゴジラ』（スポーツネットワークジャパン）2012年7月

② 同①

③ 稲垣康介「〈現代の肖像〉プロ車いすテニスプレーヤー・国枝慎吾　世界最強の座はまだ譲れない」『アエラ』（朝日新聞社）2021年8月23日号

④ 同①

⑤ 同①

⑥ 「BACKSTAGE　REPORT　ユニクロ所属

国枝慎吾選手の舞台裏」『考える人』（新潮社）２０１０年２月
⑦ 同①
⑧ 同①
⑨ 同①

3章

① 二宮清純・伊藤数子「挑戦者たち～二宮清純の視点～齋田悟司　第３回」『スポーツコミュニケーションズ』２０１６年12月18日
② 森哲志「挑戦し続けるアスリートたちの実像　不屈魂国枝慎吾」『宝島』（宝島社）２００９年４月
③ 「ＢＡＣＫＳＴＡＧＥ　ＲＥＰＯＲＴ　ユニクロ所属国枝慎吾選手の舞台裏」『考える人』（新潮社）２０１０年２月
④ 同③

4章

① 金子達仁「みらいへの挑戦者６　国枝慎吾」『Ｎｕｍｂｅｒ』（文藝春秋）２０１５年10月８日
② 「私の履歴書ｖｏｌ．65　国枝慎吾」『テニスマガジン』（ベースボール・マガジン社）２００７年11月21日
③ 宮崎恵理「国枝慎吾　世界一、そしてプロへ。車いすテニスのプリンスはまだまだ進化する」『ターザン』（マガジンハウス）２００９年６月24日
④ 森哲志「挑戦し続けるアスリートたちの実像　不屈魂国枝慎吾」『宝島』（宝島社）２００９年４月

5章

① 「私の履歴書ｖｏｌ．65　国枝慎吾」『テニスマガジン』（ベースボール・マガジン社）２００７年11月21日
② アン・クイン「成功のための準備」『ＴＴＣ20周年記念誌』（吉田記念テニスセンター）
③ 「日本スポーツ学会大賞受賞講演　第２回　国枝慎吾」『スポーツゴジラ』（スポーツネットワークジャパン）２０１２年７月
④ 同③
⑤ 同③

6章

① 「２００７全豪オープン◇国枝慎吾が車いすの男子シングルスで見事優勝。世界ランク１位へ！」『テニスフ

ァン』（日本テニス協会メールマガジン）

②「私の履歴書ｖｏｌ．65 国枝慎吾」『テニスマガジン』（ベースボール・マガジン社）２００７年11月21日

③ 吉松忠弘「車いすテニスの王者、国枝慎吾の偉業」『ナンバーＷＥＢ』（文藝春秋）２００７年10月18日

④「北京パラリンピック車いすテニス（9月14日 第7日）国枝／齋田組、銅メダル獲得！」『テニスファン』（日本テニス協会メールマガジン）

⑤ 高島三幸「あきらめない力　トップアスリートの提言 第8回　国枝慎吾　世界一へ導く呪文のような言葉上」『日経ビジネスアソシエ』（日本経済新聞社）２０１５年2月

⑥ 宮崎恵理「国枝慎吾　世界一、そしてプロへ。車いすテニスのプリンスはまだまだ進化する」『ターザン』（マガジンハウス）２００９年6月24日

7章

① 高島三幸「あきらめない力　トップアスリートの提言 第8回　国枝慎吾　世界一へ導く呪文のような言葉上」『日経ビジネスアソシエ』（日本経済新聞社）２０１５年2月

② 同①

③ 高島三幸「あの人のカラダマネジメント術　柔道・大野将平選手『悲観的に自分を見つめ』五輪連覇を達成」『日経グッデイ』２０２２年1月7日

④ 宮崎恵理「国枝慎吾　世界一、そしてプロへ。車いすテニスのプリンスはまだまだ進化する」『ターザン』（マガジンハウス）２００９年6月24日

⑤ 同④

⑥「日本スポーツ学会大賞受賞講演　第2回　国枝慎吾」『スポーツゴジラ』（スポーツネットワークジャパン）２０１２年7月

⑦「ＢＡＣＫＳＴＡＧＥ　ＲＥＰＯＲＴ　ユニクロ所属国枝慎吾選手の舞台裏」『考える人』（新潮社）２０１０年2月

⑧「２００９／４　ダンロップ神戸オープン　◇国枝がプロ転向後、初めてのトーナメントで優勝」『テニスファン』（日本テニス協会メールマガジン）

⑨ 宮崎恵理「国枝慎吾　世界一、そしてプロへ。車いすテニスのプリンスはまだまだ進化する」『ターザン』（マガジンハウス）２００９年6月24日

⑩「２００９全仏オープン　◇車いすテニスの国枝慎吾

が全仏シングルス3連覇を達成！（6月5日／大会第13日）」『テニスファン』（日本テニス協会メールマガジン）

⑪「2009全米オープン　◇車いすテニスの国枝慎吾が07年以来2年ぶりの全米オープン制覇（9月13日　大会第14日）」『テニスファン』（日本テニス協会メールマガジン）

8章

①「2010全仏オープン（1月27日　大会第10日）車いすテニス男子シングルス準々決勝」『テニスファン』（日本テニス協会メールマガジン）

②「2010全仏オープン　◇車いすテニスの国枝慎吾が全豪4連覇（1月30日　大会第13日）」『テニスファン』（日本テニス協会メールマガジン）

③同②

④「車いすプロテニス選手　国枝　17年ぶり歩いた!!」『日刊スポーツ』2010年11月15日

⑤「国枝慎吾　シングルス100連勝を達成」『Tennis.jp』2010年9月6日

⑥伊藤数子「障がい者スポーツの現場から　第22回　国枝慎吾に見るスーパースターのあるべき姿」『スポーツコミュニケーションズ』2012年7月28日

⑦「2011全豪オープン　◇車いすの国枝が決勝進出（1月27日　第11日）」『テニスファン』（日本テニス協会メールマガジン）

⑧「2011全豪オープン　◇車いすテニスの国枝が全豪5連覇達成！　宿敵ウデを破る（1月29日　第13日）」『テニスファン』（日本テニス協会メールマガジン）

⑨同⑧

⑩「2011全仏オープン　◇車いすテニスの部が開幕。国枝慎吾が初戦突破！（6月1日　第11日）」『テニスファン』（日本テニス協会メールマガジン）

⑪「2011全仏オープン　◇国枝慎吾敗れる！　全仏車いすテニス5連覇を逃す（6月2日　第12日）」『テニスファン』（日本テニス協会メールマガジン）

⑫国枝愛公式ツイッター　2020年9月23日

⑬「2011全米オープン　◇車いすテニスの国枝慎吾が初戦突破！（9月8日　第11日）」『テニスファン』（日本テニス協会メールマガジン）

⑭「2011全米オープン　◇車いすテニスの国枝がシングルスで全米4度目の優勝（9月11日　第14日）」『テニスファン』（日本テニス協会メールマガジン）

9章

① 国枝慎吾公式ブログ「came back!」（2012年4月3日）

② 「『テニスは3手詰め。5手詰めまではできない』『秒読みはラリーのような感じ』藤井聡太・国枝慎吾対談〈完全版・前編〉」『読売新聞オンライン』（2022年1月4日）

③ 同②

④ 同②

⑤ 同②

⑥ 国枝慎吾公式ブログ「準決勝敗退」（2012年5月18日）

⑦ 高島三幸「あきらめない力　トップアスリートの提言　第8回　国枝慎吾　世界一へ導く呪文のような言葉上」『日経ビジネスアソシエ』（日本経済新聞社）2015年2月

10章

① 秋山英宏「怪我からの再起で見せた、王者・国枝慎吾の凄み。～車いすテニス、パラ五輪連覇を～」『ナンバーWEB』（文藝春秋）2012年7月2日

② 「2013全米オープン　◇車いすテニスの国枝慎吾はフランスのウデに敗れ、準優勝〔9月8日　第14日〕」『テニスファン』（日本テニス協会メールマガジン）

③ 同②

④ 大石久恵（取材・文）「スペシャルインタビュー　プロ車いすテニスプレイヤー国枝慎吾」『あとぴナビ（アトピー性皮膚炎総合情報サイト）』（NPO法人ELH）2009年11月号

⑤ 「2014全米オープン　◇車いすの国枝慎吾、単複2冠達成！〔9月7日　第14日〕」『テニスファン』（日本テニス協会メールマガジン）

⑥ 「2015全豪オープン　◇国枝慎吾が全豪8度目の優勝。3年連続単複2冠達成〔1月31日　第13日〕」『テニスファン』（日本テニス協会メールマガジン）

⑦ 高島三幸「あきらめない力　トップアスリートの提言　第9回　国枝慎吾　最強になるための〝準備力〟下」『日経ビジネスアソシエ』（日本経済新聞社）2015年3月

⑧ 同⑦

⑨ 「2015全仏オープン　◇車いすテニスの国枝が2連覇。複も制して単複2冠〔6月5日　第13日〕」『テニ

スファン』（日本テニス協会メールマガジン）
⑩ 同⑦
⑪ 「2016/5/8 BNPパリバワールドチームカップ 車いす世界国別選手権 最終日 ◇車いすテニス世界国別選手権、日本の男子はフランスに敗れ準決勝」『テニスファン』（日本テニス協会メールマガジン）
⑫ 同⑪
⑬ 「けが乗り越え頂点へ 車いすテニス・国枝慎吾」『日本経済新聞』2016年8月31日
⑭ 同⑬
⑮ 榊原一生「夫は国枝慎吾、引退よぎった妻が作り続けた愛の復活飯」『朝日新聞デジタル』2021年5月16日
⑯ 同⑮
⑰ 安藤啓一「オレは最強だ！ グランドスラムにカムバック。そして東京2020へ」『パラスポーツマガジンvol・3』（ブルーガイド・グラフィック）2018年5月23日
⑱ 「車いすテニスの〝挑戦者〟国枝慎吾 どん底から目指すグランドスラム」『パラサポWEB』（日本財団）2018年2月5日
⑲ 「2017ウインブルドン ◇車いすの国枝は準決勝で敗退〔7月14日 第11日〕」『テニスファン』（日本テニス協会メールマガジン）
⑳ 同⑰

11章

① 「2018全豪オープン ◇車いすテニスの国枝が好発進、準決勝進出〔1月24日 第10日〕」『テニスファン』（日本テニス協会メールマガジン）
② 「2018全豪オープン ◇国枝が3年ぶり9度目の優勝〔1月27日 第13日〕」『テニスファン』（日本テニス協会メールマガジン）
③ 「2018全仏オープン〔6月8日 第13日〕」『テニスファン』（日本テニス協会メールマガジン）
④ 「2018ウインブルドン〔7月12日 第10日〕」『テニスファン』（日本テニス協会メールマガジン）
⑤ 「2018全米オープン ◇車いすテニスの国枝は優勝を逃す〔9月9日 第14日〕」『テニスファン』（日本テニス協会メールマガジン）
⑥ 金元雄太（スマッシュ編集部）「『フェデラー選手と打ってみたい』国枝慎吾の願いをかなえる夢の競演！異種

混合ダブルスも実現した」『ザ・ダイジェスト』（日本スポーツ企画出版社）2019年10月15日
⑦ 同⑥
⑧ 「2020全米オープン ◇車いすテニスで国枝が7度目の優勝〔9月13日 最終日〕」『テニスファン』（日本テニス協会メールマガジン）

12章

① 「2021全豪オープン 〔2月15日 第8日〕」『テニスファン』（日本テニス協会メールマガジン）
② 「国枝慎吾が涙の金『一生分泣いたし、もう枯れました』〔一問一答〕」『デイリー』2021年9月5日
③ 同②
④ ユニクロ・プレスリリース「国枝慎吾選手に特別報奨 人々を勇気づけ、パラスポーツの地位向上に大きく貢献」（ファーストリテイリンググループ）2021年9月9日
⑤ 「2022全豪オープン ◇車いすの国枝慎吾が11度目の全豪V〔1月27日 第11日〕」『テニスファン』（日本テニス協会メールマガジン）
⑥ 「16歳の小田凱人、38歳国枝慎吾に完敗『圧倒された』…テニス全仏OP」『スポーツ報知』2022年6月3日
⑦ WOWOWプレスリリース「ウインブルドン3連覇を目指す国枝慎吾選手にWOWOWが独占インタビュー」『PRTIMES』2015年7月9日
⑨ 「国枝慎吾は1回戦敗退『もどかしさを感じた』 ウインブルドン車いすの部」『サンスポ』2021年7月9日
⑩ 「国枝慎吾 フェデラーから助言」『総合テニス専門サイト「テニス365」』2022年7月11日
⑪ Facebook国枝慎吾公式ページ 2022年7月11日

〔著者紹介〕

本條 強（ほんじょう つよし）

1956年生まれ。スポーツライター。現・武蔵短期大学客員教授。前『書斎のゴルフ』編集長。現・関東ゴルフ連盟広報委員、日本水泳連盟広報委員。大学卒業後、ゴルフ雑誌編集者を経て学習研究社『T·Tennis』の編集者・記者として、ウインブルドンに6回の取材、全仏オープンや全米オープンにも現地取材を行う。『ナンバー』『ターザン』『ポパイ』などに様々な分野のスポーツ記事を執筆する傍ら、編集プロダクション、オフィスダイナマイトを主宰し、ラグビーやゴルフなどのスポーツ雑誌の編集長を務める。テニスにおける著書に、ボルグやマッケンローなどの人と技術を描いた『チャンピオンテニス』（新潮社・文庫）、子供向けテニス小説『ジャンピング・サクラ』（講談社・青い鳥文庫）などがある。

イラスト（カバー・本文） あくつじゅんこ

車《くるま》いすテニスの革命《かくめい》

──国枝慎吾選手《くにえだしんごせんしゅ》 ゴールデンスラムまでの軌跡《きせき》

2023年3月10日 第1版第1刷印刷　　2023年3月20日 第1版第1刷発行

著　者　本條 強

発行者　野澤武史

発行所　株式会社 山川出版社

〒101-0047 東京都千代田区内神田1-13-13

電話 03(3293)8131(営業) 03(3293)1802(編集)

https://www.yamakawa.co.jp/

印　刷　半七写真印刷工業株式会社

製　本　株式会社ブロケード

装　幀　新保恵一郎（グラフ）

本　文　梅沢 博

 ISBN978-4-634-15219-9 C0095